CONGRÈS MAÇONNIQUE

UNIVERSEL,

Réuni à l'Orient de Paris, en Juin 1855.

PAR DÉCRET

DE

SON ALTESSE ROYALE LE PRINCE LUCIEN MURAT,

Grand-Maître de l'Ordre Maçonnique en France.

Paris, Typ∴ du F∴ A. LEBON, Imp. du G∴ O∴ de France, rue des Noyers, 8.

COMPTE-RENDU

DU

CONGRÈS MAÇONNIQUE

UNIVERSEL,

Réuni à l'Orient de Paris en Juin 1855,

PAR DÉCRET

de Son Altesse Royale le Prince Lucien MURAT,

Grand-Maître de l'Ordre Maçonnique en France.

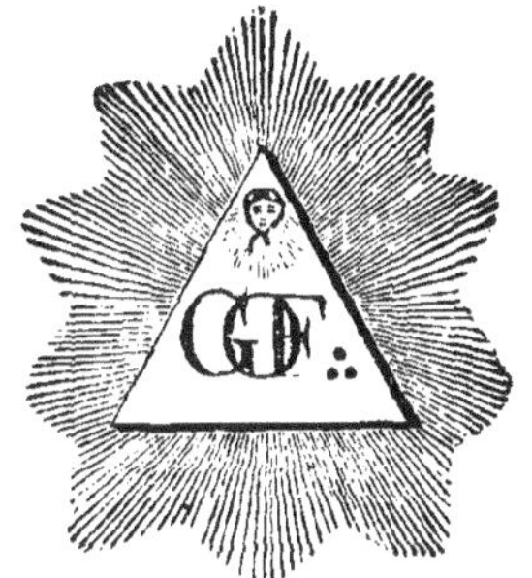

O∴ DE PARIS.

—

1856.

GRAND-ORIENT DE FRANCE,

SUPRÊME CONSEIL

POUR LA FRANCE ET LES POSSESSIONS FRANÇAISES.

A SON ALTESSE ROYALE LE PRINCE LUCIEN MURAT,

GRAND-MAÎTRE DE L'ORDRE MAÇONNIQUE EN FRANCE.

TRÈS-ILLUSTRE GRAND-MAÎTRE,

Dans le parvis de nos temples vient se taire l'écho des bruits lointains du monde profane, et cependant en traversant ce parvis, avant de dépouiller l'homme pour devenir Maçon, nous éprouvons des sensations qu'il est souvent bien diffi-cile d'oublier entièrement.

Ce qui se passe en ce moment dans le monde profane est pour nous si plein d'enseignements de tous genres, que nous ne pouvons nous défendre de diriger de ce côté les méditations de nos esprits sans cesse occupés des besoins de l'humaine nature.

Deux peuples jadis ennemis, venant, sur un champ de ba-taille, cimenter de leur sang une alliance dont le but est la liberté , l'indépendance des peuples du monde , nous font comprendre la force, l'énergie du pouvoir contenu dans une main ferme, et s'appuyant sur la volonté, sur le bien-être des peuples.

A côté de cette formidable alliance, nous voyons ces mêmes peuples appeler tous les autres à s'unir fraternellement, à se tendre la main; nous voyons l'un d'eux, convier les industries diverses de tous les mondes , les grouper, les enchâsser dans une arche moderne, dont le nom seul est un titre de moralité, de civilisation, puisque nous lisons à son frontispice : Palais de l'Industrie.

Quand l'homme a éprouvé de tels sentiments , il se sent grandir : le Maçon à son tour, lui dont la mission est toute de paix, d'humanité, de charité et de tolérance, veut profiter de ces grands élans des peuples , pour ajouter à son histoire une page à jamais ineffaçable.

Ce sont ces sentiments, Très-Illustre Grand-Maître, plus noblement, plus grandement sentis encore dans votre cœur, qui vous ont inspiré cette belle pensée d'un congrès maçonnique universel devant se réunir à Paris dans le Temple, dont votre volonté puissante et votre persévérante énergie ont doté la Maçonnerie française.

Cette pensée doit être féconde en grands résultats, l'Esprit maçonnique, cet astre lumineux dont les Grands-Orients des deux mondes sont les satellites, est soutenu par le principe de la fraternité ; semblable à ces milliers de globes qui roulent dans l'espace et qui ne se heurtent jamais, parce qu'ils sont soutenus par l'esprit indivisible qui présida à leur création.

Les Loges Maçonniques aussi, ont leur point d'appui dans cet esprit de fraternité, qui pénètre tous leurs membres du feu sacré que doit encore raviver la convocation du Congrès dont vous nous avez chargé de préparer l'organisation.

Pour accomplir cette honorable mission, nous n'avons eu qu'à rechercher deux choses : les éléments constitutifs, les moyens d'exécution.

Nous vous proposons, comme éléments constitutifs, d'inviter toutes les Puissances maçonniques étrangères à s'y faire représenter, par une députation choisie parmi les membres de son obédience, et munie de pouvoirs réguliers.

Le Grand-Orient de France y sera représenté : par les deux Grands-Maîtres adjoints, par les Membres de votre Conseil.

Un certain nombre de hautes notabilités maçonniques, qu'il vous plaira de désigner, pourront aussi faire partie du Congrès.

Quant aux moyens d'exécution, en fixant à une somme de cent francs la contribution de chaque Député, cette somme serait suffisante pour subvenir à tous les frais du Congrès, y compris ceux qu'occasionnerait l'établissement d'un salon de lecture, qui serait mis à la disposition de tous les membres, il pourrait même y avoir un excédant, plus ou moins considérable, qui servirait à couronner les travaux du Congrès par un acte philanthropique.

C'est d'après ces bases que nous avons l'honneur de vous proposer, Très-Illustre Grand-Maître, le projet de décret ci-joint.

Daignez, Très-Illustre Grand-Maître, agréer l'assurance de notre entier dévouement.

O∴ de Paris, le 26 février 1855 (E∴ V∴).

Le Grand-Maître adjoint,

HEULLANT.

Les Membres de la Commission,

BOUBÉE, DARRAGON, RAZY, REXÈS, DE SAULCY.

DÉCRET.

Nous, Prince Lucien MURAT, Grand-Maître de l'Ordre Maçonnique en France,

Vu le rapport qui précède, et en approuvant les conclusions,

Avons décrété et décrétons :

Art. 1er.

Un Congrès maçonnique universel se réunira à Paris, le 1er juin 1855, en l'hôtel du Grand-Orient de France, rue Cadet, 16.

Art. 2.

Toutes les Puissances maçonniques étrangères, avec lesquelles le Grand-Orient de France est en relation, seront invitées à s'y faire représenter par une députation munie de pouvoirs réguliers.

Art. 3.

Le Grand-Orient de France y sera représenté, par nos deux Grands-Maîtres adjoints et par les membres de notre Conseil.

Art. 4.

Nous nous réservons d'appeler pour faire partie du Congrès, tels Maçons que nous en jugerons dignes.

Art. 5.

La Commission déjà nommée, nous soumettra le Programme du Congrès convoqué par le présent décret.

Art. 6.

Notre Grand-Maître adjoint Heullant est chargé de l'exécution du présent décret.

Donné à l'Orient de Paris, le 27 février 1855.

Le Grand-Maître,

L. MURAT.

Scellé et enregistré :

Le Chef du Secrétariat général de l'Ordre,

P. CLAUDE.

MEMBRES

DU CONGRÈS MAÇONNIQUE UNIVERSEL.

Son Altesse Royale le Prince **Lucien Murat,** Grand-Maître de l'Ordre Maçonnique en France.

Heullant, Grand-Maître adjoint de l'Ordre maçonnique.
Razy, Grand-Maître adjoint de l'Ordre (*par interim*).

Boubée, membre du Conseil du Grand-Maître de l'Ordre maçonnique en France.
Bras-Laffite, id.
Bugnot, id.
Francis Da Cruz Mac-Cowan, docteur, délégué de la Loge (Mary's Chapel), O.·. d'Edimbourg (Ecosse).
Darragon, membre du Conseil du Grand-Maître.
Parker Cummings, architecte, délégué de la Grande-Loge du District de Colombie, O.·. de Washington (Etats-Unis).
Desanlis, membre du Conseil du Grand-Maître.
Comte de **Donoughmore,** pair d'Irlande, délégué de la Grande-Loge d'Irlande, O.·. de Dublin (Irlande).
Doumet, membre du Conseil du Grand-Maître.
Faultrier, id.
Furnell, député de la Grande-Loge de Munster, O.·. de Limerick, Député lieutenant du Comté de Limerick (Irlande).
Goût-des-Martres, membre du Conseil du Grand-Maître.
Houtelet, id.
Janin, id.
Jobert aîné, id.
Lallier, id.

Lézeret, membre du Conseil du Grand-Maître.

Herbert-Lloyd, député de la Grande-Loge d'Angleterre, O∴ de Londres.

Mongenot, membre du Conseil du Grand-Maître.

Morand, id.

Mouton, id.

Donald-Nicoll, député de la Grande-Loge d'Angleterre, O∴ de Londres.

Sir **Henri Muggeridge,** Alderman, sheriff de Londres et Middlesex, député de la Grande-Loge d'Angleterre, O∴ de Londres.

Dinwiddie B. Philipps, docteur, délégué de la Grande-Loge de la Virginie, O∴ de Richmond (Etats-Unis).

Thomas J. Quinton, délégué de la Grande-Loge d'Irlande, O∴ de Dublin.

Rexès, membre du Conseil du Grand-Maître.

Le Chevalier **J. Th. Nedermeyer de Rosenthal,** ancien ministre de la justice du royaume des Pays-Bas, délégué du Grand-Orient des Pays-Bas, O∴ de La Haye.

De Saulcy, membre du Conseil du Grand-Maître.

Tanquerel, id.

H. Wentz, id.

Claude, Chef du secrétariat général de l'Ordre, Secrétaire du Congrès.

LISTE DES PUISSANCES MAÇONNIQUES ÉTRANGÈRES

Qui ont envoyé leur adhésion à la réunion du Congrès Maçonnique universel, et ont nommé des députés qui n'ont pu se trouver en temps, pour prendre part aux travaux du Congrès.

GRAND-ORIENT D'HAÏTI, O.˙. de Port-au-Prince, Grand-Maître, le lieutenant-général, duc de **Morin**.

Députés nommés :

Le T.˙. Ill.˙. F.˙. **Ardouin**, Sénateur de l'empire d'Haïti.

Le T.˙. Ill.˙. F.˙. Baron **J. M. de Duras**, Sénateur de l'empire d'Haïti.

Le T.˙. Ill.˙. F.˙. général de **Delva**, Comte de **Dammarie**, grand-chancelier de l'empire d'Haïti.

GRANDE-LOGE DE NEW-YORK, O.˙. de New-York (Etats-Unis), Grand-Maître le T.˙. Ill.˙. F.˙. **Joseph Evans**.

Député nommé :

Le T.˙. Hon.˙. F.˙. **John D. Willard**, ancien Grand-Maître de la Maçonnerie de l'Etat de New-York.

GRANDE-LOGE DE SUÈDE, O.˙. de Stockholm, Grand-Maître, Sa Majesté le roi **Oscar I**ᵉʳ.

Député nommé :

L'Ill.˙. F.˙. Baron **Aug. de Stjernstedt**, Maître des Cérémonies et chambellan de Sa Majesté le roi de Suède et de Norwège.

LISTE DES PUISSANCES MAÇONNIQUES ÉTRANGÈRES

Qui ont envoyé leur adhésion à la réunion du Congrès Maçonnique universel, mais qui n'ont pu s'y faire représenter.

GRANDE-LOGE ALPINA, O∴ de Bâle (Suisse), Grand-Maître, le T∴ Ill∴ F∴ **C. G. Jung**.

GRANDE-LOGE ARCHIMÈDE, O∴ de Géra (Pté de Reuss), Grand-Maître, le T∴ Ill∴ F∴ **K. A. Béatus**.

GRANDE-LOGE DE HAMBOURG, O∴ de Hambourg, Grand-Maître, le T∴ Ill∴ F∴ **Buek**, Sénateur.

SUP∴ CONSEIL DU GRAND-DUCHÉ DE LUXEMBOURG, O∴ de Luxembourg, souverain Grand-Maître, le T∴ Ill∴ F∴ **Schrobilgen**.

GRANDE-LOGE DES MAÇONS-FRANCS ET ACCEPTÉS DU RITE D'YORK POUR LA LOUISIANE, O∴ de la Nouvelle-Orléans (Amérique), Grand-Maître, le T∴ Ill∴ F∴ **W. M. Perkins**.

GRAND-ORIENT DU ROYAUME DE SAXE, O∴ de Dresde, Grand-Maître, le T∴ Ill∴ F∴ **Ch. T. Winckler**.

LOGE FRANÇAISE DE LA TOLÉRANCE, nº 784, O∴ de Londres, sous l'obédience de la Grande-Loge *Unie*, d'Angleterre, Vén∴, le F∴ **Caplin**, 18∴.

CONGRÈS MAÇONNIQUE
UNIVERSEL.

SÉANCE PRÉPARATOIRE.

Le septième jour du quatrième mois de l'an de la vraie lumière 5855 (7 juin 1855).

La séance est ouverte sous la présidence de l'Illustre Grand-Maître adjoint de l'Ordre Heullant.

Le pinceau est tenu par le Frère Claude, chef du Secrétariat, remplissant les fonctions de secrétaire du Congrès, par décision du Prince Grand-Maître.

L'Illustre Président prononce l'allocution suivante :

Très-Illustres Frères,

La grande et belle pensée d'un Congrès maçonnique universel conçue par Son Altesse Royale le Prince Lucien Murat, Grand-Maître de l'Ordre maçonnique en France, reçoit aujourd'hui une juste consécration par votre présence à cette réunion préparatoire. Demain, notre Très-Illustre chef fera en personne l'ouverture officielle du Congrès. Lorsque vous aurez entendu sa parole inspirée par les sentiments les plus nobles et les plus vrais, dictée par la logique la plus pure et la plus forte, vous vous féliciterez, Illustres Frères, d'être venus vous ranger autour d'un si digne Maçon, et vous redoublerez d'ardeur pour travailler avec lui à la gloire et à la prospérité de l'Ordre.

Pour moi, Illustres Frères, je suis heureux et fier que l'exécution d'un acte aussi important que celui qui nous réunit m'ait été confiée. Entouré de Maçons d'un rang si élevé dans le monde profane, décorés de si hauts titres maçonniques, je crains de me trouver au-dessous de ma mission; votre indulgence, Illustres Frères, votre concours fraternel, sur lequel je compte, et mon sincère dévouement suppléeront aux qualités qui m'ont été refusées. Animés tous d'une philosophie sage et pure, aspirant tous au même but, la gloire et la prospérité de l'Ordre, nous marcherons toujours d'accord et nos délibérations se distingueront par un esprit sage et une union vraiment fraternelle.

Après cette allocution, il est donné lecture des planches des Puissances Maçonniques étrangères qui ont donné des pouvoirs. Il est procédé à leur vérification; ils sont reconnus réguliers.

Les Frères de France, expriment par l'organe du **Grand-Maître Président**, toute leur reconnaissance pour les termes flatteurs dans lesquels ces planches sont écrites.

Le Frère comte de Donoughmore demande si le Congrès pourra discuter d'autres propositions que celles faites par le Grand-Maître de France.

L'Illustre Frère Heullant répond que tous les mem- du Congrès ont le droit de faire des propositions, qu'il est utile et indispensable que ces propositions soient déposées, d'abord, par écrit, afin d'abréger les travaux.

Il est donné lecture d'une planche du Grand-Maî- tre de la Grande-Loge de New-Yorck qui annonce que cette puissance a nommé le Frère Willard en qualité de délégué, mais qu'il craint que ce Frère ne soit pas encore arrivé à Paris pour l'époque de l'ouverture du Congrès (1).

Il est également donné lecture des planches des Grandes-Loges de Saxe et de Hambourg ainsi que d'une planche de la Loge Française *la Tolérance,* n° 784, Orient de Londres (1), qui regrettent de ne pou- voir envoyer de députations, mais qui s'associent com- plètement à la pensée du Très-Illustre Grand-Maître de France, et font des vœux pour la réussite du but que le Prince s'est proposé en réunissant un Congrès universel maçonnique à Paris.

---

(1) Voir page 85, annexe n° 3.

Le Grand-Maître adjoint Président annonce que le Prince Grand-Maître ouvrira la session du Congrès universel demain à 3 heures.

La séance est levée.

SÉANCE D'OUVERTURE

———

Le huitième jour du quatrième mois de l'an de la vraie Lumière 5855 (8 juin 1855).

Les travaux sont ouverts en la forme accoutumée par le Très-Illustre Frère Heullant, Grand-Maître adjoint de l'Ordre.

Les Honorables Frères Boubée et Morand, membres du Conseil du Grand-Maître, tiennent les deuxième et troisième maillets. Le banc de l'orateur est occupé par l'Illustre Frère Bugnot, membre du Conseil du Grand-Maître, celui du secrétaire par le Frère Claude, secrétaire du Congrès.

L'Assemblée confirme la régularité des pouvoirs vérifiés dans la séance préparatoire.

Le Frère Maître des cérémonies annonce l'arrivée

dans le salon d'attente du Très-Illustre Prince Lucien Murat, Grand-Maître de l'Ordre.

L'Assemblée se rend tout entière auprès de Son Altesse.

Chaque Frère est porteur d'une étoile et muni d'un glaive ; le Très-Illustre Grand-Maître, entouré de la députation et précédé des Maîtres des cérémonies, entre dans le Temple, où il est reçu maillets battants, tous les Frères debout et à l'ordre.

Parvenu à l'autel par la voûte d'acier, il est accueilli par le Grand-Maître adjoint Heullant, qui lui exprime combien tous les Illustres Frères qui brillent sur les colonnes sont heureux de sa présence et reconnaissants à sa personne pour les éminents services qu'il ne cesse de rendre à l'Ordre, et lui présente le maillet de direction.

Le Grand-Maître remercie gracieusement, invite les Frères à reprendre leurs places, et prononce le discours suivant :

Mes Très-Chers Frères,

Recevez ici les remercîments bien sincères que je vous exprime en mon nom et en celui de la Maçonnerie tout entière.

Les Orients étrangers qui ont bien voulu répondre à l'appel que je leur ai fait comme organe de la Maçonnerie française, ont compris la nécessité qu'il y avait pour nous, société de bienfaisance, à resserrer nos rangs. La guerre vient, après quarante années de paix, rendre notre mission plus difficile ; en réchauffant notre zèle, elle nous fournit l'occasion de montrer aux profanes tout ce qu'il y a de grand et de généreux dans notre Institution.

Notre mission est une sainte mission ; nous travaillons à rendre les hommes meilleurs, et, pour arriver à ce but, nous ne faisons appel qu'aux nobles et généreux instincts, l'Amour, la Fraternité, la Charité, sont les seuls sentiments que nous invoquons.

On a dit : les mauvais rois engendrent les républiques, et les mauvaises républiques engendrent les royautés ! Eh bien ! mes Frères, pour les hommes animés de mauvaises passions, tout gouvernement est mauvais ; pour ceux qui savent mettre un frein à leurs penchants, et qui sont animés de l'amour du prochain, tout gouvernement est bon. C'est pour cela que, dans sa sagesse, la Maçonnerie a exclu toutes discussions politiques ; il est facile, en effet, de gouverner des hommes sages et qui n'ont en vue que l'amour du prochain.

Il en est de même au point de vue maçonnique pour la religion ; tout homme qui croit à l'existence d'un être suprême, le Grand-Architecte de l'Univers, qui croit à l'immortalité de l'âme et par conséquent à un bien-être éternel, tout homme qui sent vibrer dans son sein l'amour du prochain, est accepté parmi nous.

Notre mission est donc de rendre l'homme meilleur, ou pour mieux dire de cultiver ce qu'il a de bon et de réprimer ce qu'il a de mauvais.

Notre mission est belle, vous le voyez ! Mais tout se juge dans le monde par comparaison.

Nous ne pouvons tous que gagner en nous réunissant souvent et en étudiant les moyens les plus efficaces pour resserrer les liens qui nous unissent les uns aux autres.

Je l'ai dit, après quarante ans de paix, une guerre dont personne ne peut prévoir la longueur ni le résultat, vient réveiller le zèle de tout Maçon.

Tous les changements de gouvernement qui ont eu lieu depuis quelques années, ont, en affaiblissant le prestige attaché à chacun d'eux, donné plus de force à l'opinion publique, avec laquelle tous les gouvernements d'aujourd'hui sont obligés de compter.

C'est donc un service que la Maçonnerie rend, non-seulement à l'humanité, mais au gouvernement lui-même, quelle que soit sa forme, lorsqu'elle dirige l'opinion des masses vers la vertu, la fraternité et le respect aux lois.

Mes Très-Chers Frères, si j'ai su vous faire comprendre ma pensée, vous sentirez comme moi la nécessité pour la Maçonnerie, de resserrer ses liens dans le monde entier, et vous aviserez avant de nous séparer, je l'espère, au moyen d'atteindre ce but. Il faut qu'un Frère, quel que soit le pays qu'il habite, quel que soit le drapeau sous lequel il sert, puisse trouver une main fraternelle toujours prête à alléger ses souffrances, et que tous les gouvernements, se sentant forts de l'appui philanthropique qu'ils trouveront chez les peuples élevés et éclairés par nous, laissant de côté les rivalités nationales, puissent, chez les peuples qu'ils sont appelés à gouverner, ne trouver que des Frères.

Ce discours écouté par l'Assemblée avec le plus complet recueillement, est couvert d'unanimes applaudissements.

Le Très-Illustre Grand-Maître ajoute :

Mes Très-Chers Frères, nous allons travailler en commun, nous allons chercher à détruire quelques-unes des imperfections de notre Ordre ; quelle institution humaine n'en a pas ? Faisons-le sous l'inspiration de cette pensée, qu'on n'obtient de véritable amélioration, de véritable progrès que par les mesures sages, bien mûries et bien indiquées par l'expérience. Nous arriverons ainsi à faire ce que nous souhaitons tous si ardemment, le bien.

Mes Frères, les séances du Congrès maçonnique, universel sont ouvertes.

L'Illustre Frère de Rosenthal (Pays-Bas) demande et obtient la parole. Ce Frère prononce le discours suivant :

Un concours de circonstances indépendantes de ma volonté m'a fait trouver une place à la tête de la colonne du Sud, dans cette auguste réunion ; je me sens donc obligé de demander la parole pour répondre par quelques mots à l'allocution empreinte de sagesse et de bienveillance paternelle, par laquelle l'Illustre Grand-Maître du Grand-Orient de France, vient d'ouvrir cette première séance solennelle du Congrès maçonnique universel.

Veuillez croire, Mes Très-Chers Frères, que, sans le sentiment de cette obligation à laquelle je pense ne pouvoir me soustraire, j'aurais hésité à prononcer un discours tant soit peu suivi, dans un idiôme qui n'est pas le mien, et que je n'ai appris que pour mes études et la conversation ordinaire.

Mais en dehors de cette circonstance de nécessité, qui, dans tous les cas, me donne droit à votre indulgence, je trouve dans la composition même de cette réunion des motifs de confiance dont vous apprécierez facilement la portée.

Je me trouve en France et j'adresse la parole à des Français ; or, parmi toutes les belles qualités qui distinguent cette nation éminemment chevaleresque, tous les étrangers aiment à reconnaître cette bienveillance polie qui soutient et encourage tous ceux qui tâchent de s'exprimer dans leur langue.

Ensuite je me trouve au milieu de Frères qui, sachant se servir de la truelle maçonnique, aiment à couvrir les défectuosités d'une improvisation en langue étrangère.

Enfin, ce qui est de la plus haute importance, j'adresse la parole au Très-Illustre Grand-Maître du Grand-Orient de France, dont la haute position sociale et maçonnique, les vertus privées, imposent le respect, mais dont en même temps la bienveillance et l'accueil tout-à-fait fraternels, que j'aime à reconnaître avec la plus vive reconnaisance, inspirent, oui, j'ose le dire, entraînent la confiance la plus illimitée.

Chargé d'une mission maçonnique au milieu de vous, mes Très-Chers Frères, je me sens porté par devoir et par les sentiments d'un attachement sans bornes, à appeler avant tout votre attention sur le noble prince dont j'ai l'honneur d'être le représentant dans cette solennelle réunion. Quand je dis Prince, je n'ai pas la moindre prétention d'environner le nom d'un vrai maçon dans toute la force du terme, d'un éclat emprunté à des distinctions qui n'appartiennent qu'au monde profane ; mais pourtant il ne me semble pas dénué de tout intérêt de vous rappeler que ce noble Frère appartient à l'illustre maison des Nassau, qui, pendant le cours des siècles a présenté à l'admiration du monde plusieurs vaillants capitaines, plusieurs profonds politiques. C'est cette noble race dont le célèbre historien Macaulai se croit justifié à faire le magnifique éloge, que « la Providence semble l'avoir mise à part » pour former partout et contre tous des défenseurs de la » vérité et de la liberté. » Si un tel éloge est mérité, comme je me plais à le reconnaître, vous sentirez, mes Très-Chers Frères, que par cela même est établie la vocation d'un descendant de cette illustre maison, à la défense et à la propagation des principes que nous professons.

Mais ceci n'a qu'un rapport indirect avec la position que j'occupe dans ce moment au milieu de vous ; j'aime surtout à vous parler du Très-Vénérable et Très-Illustre Grand-Maître de la Franc-Maçonnerie dans le royaume des Pays-Bas. Pendant les longues années que ce noble Frère a été à la tête de la Franc-Maçonnerie Néerlandaise, son attachement à l'Ordre, son dévouement à ses institutions, son désir de la préserver de toute innovation hétérogène, de la confirmer surtout dans son esprit de fraternité, dans toute l'étendue maçonnique du mot, de la ramener aux vrais principes, ne se sont jamais démentis ni même refroidis ; et pour résumer ma pensée tout entière, je me plais à répéter ici ce que, dans une réunion solennelle et aux grands applaudissements des Frères réunis, j'ai présenté comme l'expression de ma plus intime conviction ; c'est-à-dire que « j'hésitais à me prononcer sur » la question, si la qualité de Prince du noble Frère était » rehaussée par ses vertus maçonniques et son esprit vrai-» ment fraternel, ou sa qualité de Frère par ses vertus prin-» cières. »

Des quarante années de la grande maîtrise maçonnique que ce noble Frère va bientôt accomplir, j'ai eu l'avantage inappréciable d'être pendant environ trente ans, sans aucune interruption, membre de son conseil. Dans les conversations intimes qui suivaient ordinairement les séances de ce conseil, il a été souvent question, comme vous le sentirez bien, mes Très-chers Frères, de l'histoire et de l'avenir de la Franc-Maçonnerie, et dans ces entretiens, un fait qui se rattache à la présente réunion solennelle, a frappé maintes fois nos esprits : je tâcherai de le préciser en peu de mots.

Sans nous arrêter à des Congrès maçonniques antérieurs, dont l'authenticité paraît encore douteuse à plusieurs Frères, nous nous sommes étonnés que dans les vingt-cinq années qui ont précédé le grand bouleversement politique du dix-huitième siècle, plusieurs Congrès maçonniques ont été convoqués tant en Allemagne qu'en France, et que depuis cette époque, à ma connaissance, aucune réunion de cette nature n'a été proposée. On sentait donc à cette époque le besoin de se rapprocher, de s'entendre, de resserrer les liens de fraternité, et quoique les résultats bien connus de ces Congrès aient été bien au-dessous de ce qu'on avait droit d'en attendre, il n'en reste pas moins établi que ce besoin de rapprochement, d'entente, de purification, s'est fait sentir bien profondément, et doit aussi laisser des racines dans l'esprit des Frères contemporains. Or, ce besoin ne s'est-il plus fait sentir depuis l'événement politique que j'ai eu en vue? Est-ce une coïncidence fortuite qui a fait cesser presque à la même époque les réunions Maçonniques universelles. Ou ces deux événements sont-ils rattachés par quelque lien mystérieux? Quand je me prononce pour la négation d'un pareil lien mystérieux, je suis bien sûr d'être dans la vérité historique et de remporter vos suffrages.

Quant à moi j'aime à croire que les égarements et écarts de tout genre qui ont bientôt souillé les idées généreuses de cette remarquable époque et qui ont entraîné même dans leur torrent quelques Ateliers Maçonniques, ont jeté la terreur dans l'esprit des vrais Maçons, et que ceux-ci, sans abandonner les vrais principes, se sont bornés pendant de longues années à un rôle plus négatif, et ont préféré marcher, pour m'exprimer ainsi, à la remorque qu'à la tête de la civilisation et des progrès, au danger de voir éteindre le feu sacré par le torrent des passions déchaînées. Ce qui me confirme dans cette pensée et la rend à mes yeux presque évidente, c'est que depuis que le calme a remplacé l'orage, le besoin de rapprochement, de rapports multipliés et suivis d'instructions réciproques, s'est fait de nouveau jour parmi les vrais Maçons; mais jusqu'ici, dans la forme d'affiliations, de représentations, de correspondances isolées, qui manifestaient aux yeux clair-voyants l'esprit qui agitait les Maçons ; pour couronnement de l'œuvre, il ne manquait qu'un Congrès universel : dans ce jour solennel, le voilà réalisé.

Vous comprendrez facilement, mes Très-chers Frères, que cette disposition ou pour mieux dire cette marche des esprits n'ayant aucunement échappé au jugement éclairé de mon Illustre Grand-Maître, ni à l'appréciation de ceux qui formaient son conseil, l'appel émané du Grand-Orient de France, devait rencontrer chez nous un accueil sympathique. Aussi, sans se faire la moindre illusion sur la possibilité d'un échec de cette entreprise généreuse, mon Illustre Grand-Maître, de l'accord unanime de son conseil, n'a pas hésité un seul moment à répondre à votre appel; et le Grand-Orient des Pays-Bas, qui vient de se rassembler, après mon départ, a couvert de ses applaudissements unanimes la résolution prise par le Grand-Maître dans son conseil.

Je me suis arrêté trop longtemps peut-être sur ce qui peut paraître n'appartenir qu'à mon pays ou à la puissance Maçonnique que je représente parmi vous ; mais au moment solennel où nous allons avoir des délibérations sur des intérêts Maçonniques universels , il ne m'a pas paru sans une utilité quelconque, de vous représenter dans quel sens ma mission a été conçue et acceptée; et le tracé fidèle de nos vues, à cet égard, m'a semblé le moyen le plus approprié à atteindre ce but.

Très-Illustre Grand-Maître du Grand-Orient de France, c'est avec les sentiments que je viens de tracer que je prends la liberté de me tourner vers vous pour vous exprimer ma plus vive reconnaissance des paroles nobles et bienveillantes que vous avez bien voulu nous adresser ; elles trouveront, j'en suis convaincu, un écho sympathique dans les cœurs de tous les vrais Maçons répandus sur la surface des deux hémisphères.

Le nom que vous portez, Très-Illustre Frère, est tracé avec des caractères d'airain dans les fastes de l'histoire. Parmi tant de gloires acquises sur les champs de bataille, dans les premières années de ce siècle, le nom de Murat brille d'un éclat vif et pur. Il est environné de l'auréole d'un héroïsme qui se rapproche des temps fabuleux ; et si j'ose me servir d'une telle expression, la gloire acquise à ce nom me paraît suffire à plusieurs générations. Votre fils qui, dans son jeune àge, fait déjà l'orgueil de ses nobles parents, renouvellera, ou augmentera, si c'est possible, l'éclat du nom qu'il porte.

Mais il vous manquait jusqu'ici, pardonnez la franchise de ma pensée, un titre de gloire humanitaire; vous venez de l'acquérir. L'idée généreuse de la convocation d'un Congrès universel Maçonnique vous appartient; et si, comme nous avons le droit de l'espérer, la Franc-Maçonnerie va entrer dès aujourd'hui dans la phase la plus glorieuse de son existence, la postérité, comme nous le faisons dans ce moment-ci, vous en accordera l'honneur.

Ne soyez donc nullement découragé, Très-Illustre Frère, en voyant les colonnes de ce temple si peu garnies ; vous aviez droit à vous attendre à plus d'empressement à répondre à votre appel. Mais comme une semence jetée dans une terre fertile porte nécessairement des fruits, ainsi une idée grande et noble quoique moins appréciée, lors de sa première émission, réunira tôt ou tard les suffrages de tous les cœurs généreux.

Le Suprême Architecte de l'univers veuille donner sa bénédiction à l'œuvre par vous si noblement commencée.

Après ce discours plusieurs fois interrompu par les nombreuses marques d'approbation de l'Assemblée, l'Illustre Frère de Rosenthal prie les Frères étrangers de se joindre à lui pour saluer par une vive batterie la réunion du Congrès.

Cette batterie est tirée avec la plus grande chaleur.

Le Très-Illustre Grand-Maître Prince Murat prenant la parole, dit :

Je vous remercie très-particulièrement, mon Frère, pour les paroles flatteuses que vous m'avez adressées. Rien ne pouvait m'être plus agréable que le choix d'un Frère tel que vous ; et je remercie, ici, très-sincèrement son Altesse Royale, le prince Frédéric, des Pays-Bas, votre Très-Illustre Grand-Maître.

Le Grand-Maître adjoint Heullant remercie l'Illustre Frère de Rosenthal et répond aux nobles paroles de ce Frère, en l'assurant que la Maçonnerie française n'ignore pas les services que rend à l'Ordre maçonnique le Prince Frédéric des Pays-Bas, qui depuis quarante ans occupe la grande maîtrise.

Avec l'assentiment du Grand-Maître, l'Illustre Frère Heullant prie les Frères de se joindre à lui pour applaudir, par une triple batterie, aux sentiments exprimés par la bouche de l'Illustre Frère de Rosenthal.

Cette batterie est tirée avec enthousiasme.

Le Frère comte de Donoughmore (Irlande) demande la parole et prononce un discours dont nous regrettons de ne pouvoir rapporter exactement les termes.

L'Illustre Frère, exprimant les sentiments maçonniques les plus élevés, déclare s'unir, au nom de la grande Loge d'Irlande, à toutes les pensées, à tous les vœux du Grand-Orient de France pour la prospérité de notre belle Institution. Il demande que la discussion journalière des différentes propositions soumises au Congrès ait lieu hors du Temple; il sera possible de cette manière de parler sans remplir une foule de formalités qui quelquefois nuisent à l'utilité et à la force de la discussion, et dans tous les cas, font perdre un temps précieux, que tous les membres du Congrès désirent employer au perfectionnement de l'Institution maçonnique.

Des marques d'assentiment suivent ces paroles.

Très-Illustre Grand-Maître et vous tous mes Frères, dit l'Illustre Frère Mac-Cowan, j'ai la plus grande peine à m'exprimer en français, et je craindrais, n'étant pas familiarisé avec la langue française, de mal traduire mes sentiments. Je vous demande donc la permission de m'exprimer en anglais.

Le Très-Illustre Grand-Maître lui répond :

Je vous accorde d'autant plus volontiers cette autorisation, que plusieurs Frères de cette Assemblée comprennent la langue dans laquelle vous demandez à vous exprimer.

L'Illustre Frère Mac-Cowan (Ecosse) prononce alors le discours dont la traduction suit : (1)

Très-Illustre Grand-Maître et Très-Illustres Frères,

Mes Frères d'Ecosse m'ont prié de vous faire savoir leur

---

(1) Voir page 96, annexe n° 15.

vive appréciation des nobles motifs qui vous ont porté à réunir à ce Congrès les Frères de toutes les parties du monde, et d'accepter avec un cordial empressement la main que vous leur avez tendue.

Ils se joignent de la manière la plus sincère aux sentiments que vous avez si remarquablement exprimés.

Ils espèrent que ce Congrès aura les résultats les plus heureux pour la Franc-Maçonnerie et la fraternité en général, et que les liens de fraternité et d'amitié, qui ont existé pendant tant de siècles entre l'Ecosse et la France, seront encore resserrés et rendus plus forts et plus intimes.

Je regrette vivement que les Frères qui se sont réunis à moi de Naples et de Londres ne puissent, à cause de la remise inattendue de l'ouverture du Congrès, prendre aux travaux la part active qu'ils auraient voulu.

Nous formons pour vous les vœux les plus ardents.

J'emporterai avec moi à Edimbourg les souvenirs les plus reconnaissants de l'accueil aimable que vous avez fait à mes Frères et à moi. Enfin je vous prie, Très-Illustre Grand-Maître, de recevoir l'assurance de mon amitié fraternelle, de mes sentiments distingués, et de me croire votre Frère dévoué.

L'Illustre Frère Dinwiddie, B. Philipps (Richmond, Etats-Unis) demande la parole, et prononce le discours suivant :

Très-Illustre Grand-Maître,

Je regrette que la Grande-Loge de la Virginie, qui m'a honoré à ce point de me nommer son représentant à ce Congrès, n'ait pas choisi un Frère plus capable de remplir les hautes fonctions qui doivent nécessairement retomber sur celui qui est chargé d'une telle mission. Je suis fortement convaincu de mon incapacité à répondre à la position si honorable et si élevée dans laquelle il lui a plu de me placer. Néanmoins, autant qu'il dépend de moi, je tâcherai, par tous les moyens possibles, de me montrer digne de sa confiance. Permettez-moi, Très-Illustre Grand-Maître, au nom de la Grande-Loge de Virginie, de vous assurer que l'affection fraternelle que vous avez exprimée dans les paroles que vous venez de prononcer tout-à-l'heure, est très-sincèrement et très-ardemment réciproque. Permettez-moi de vous dire que les grands et nobles efforts que vous avez déjà faits et que vous faites toujours pour le progrès de la Franc-Maçonnerie (et par conséquent pour l'amélioration du genre humain), vous ont mérité les plus ardents remerciements et la plus haute estime et considération qu'il soit possible à l'homme d'avoir.

C'est vrai (et je le dis avec les plus vifs regrets), que la guerre et la discorde règnent encore sur la terre, que le sang de nos Frères est encore répandu et arrose la poussière des champs de bataille : mais, si les membres de notre vénérable Institution s'exercent à remplir les grands et sublimes devoirs dont ils sont chargés, si les pures et saintes doctrines qui nous sont inculquées dans les leçons de la Franc-Maçonnerie sont suivies, nous pouvons bien espérer que le temps n'est pas très-loin où le monde entier cultivera la paix ; nous pourrons voir poindre le siècle où le lion et l'agneau coucheront ensemble, où les lances seront changées en serpes et où les nations n'apprendront plus la guerre. Faisons donc tous nos efforts et mettons toute notre âme pour hâter l'accomplissement de ce grand œuvre. Au nom de la Grande-Loge de la Virginie, dont je suis le faible interprète, je vous offre l'assurance de sa cordiale et infatigable coopération.

En résumé, permettez-moi de vous exprimer mes sentiments d'amour fraternel. Je vous remercie de toute mon âme pour l'accueil bienveillant que j'ai reçu auprès de vous, et j'espère qu'il plaira au Grand et Suprême Archictecte de l'univers de nous guider, de nous assister en tous nos conseils, et de nous conduire à la source de la vérité et de la lumière.

L'Assemblée est consultée sur la manière dont elle entend conduire ses travaux.

Un Frère demande alors s'il ne serait pas agréable aux Illustres Frères Étrangers que des réunions eussent lieu chaque jour, à telle heure qu'il conviendrait à l'Assemblée de choisir; que ces réunions fussent exemptes des formes et du cérémonial maçonniques, ce qui permettrait peut-être d'aller plus vite. Il ajoute que chacun pourrait apporter à ces réunions le fruit de ses méditations, sous forme de propositions qui seraient, là, examinées et discutées; et, qu'enfin, toutes les fois que la conférence le jugerait à propos, on pourrait convoquer des tenues régulières, pour statuer définitivement sur les points déjà examinés. Il propose, en conséquence, que la salle du Conseil du Grand-Maître soit choisie par la conférence comme lieu ordinaire de ses séances, et que l'Assemblée décide que la conférence sera permanente.

L'Assemblée adopte unanimement cette proposition,
et décide qu'elle sera permanente, qu'elle se réunira
en conférence tous les jours (ceux fériés exceptés), à
une heure de l'après-midi, au siége du Grand-Orient,
dans la salle du Conseil du Grand-Maître.

Le Très-Illustre Grand-Maître Prince Murat demande à l'Assemblée si quelqu'un de ses membres a
des observations ou propositions à présenter.

Personne ne réclamant la parole, les travaux sont
fermés par les mystères accoutumés.

Le Prince Grand-Maître se retire, accompagné
comme à son arrivée, par les Officiers munis d'étoiles
et de glaives, et précédé du Maître des cérémonies.

SÉANCE DU SAMEDI 9 JUIN 1855.

Le neuvième jour du quatrième mois de l'an de
la vraie lumière 5855 (9 juin 1855).

La séance est ouverte par l'Illustre Frère Heullant,
Grand-Maître adjoint de l'Ordre.

Tous les Frères présents sont d'accord sur la nécessité de chercher un moyen qui assure à tous les Maçons du Globe l'accès de tous les temples à quelqu'orient qu'ils soient placés; sauf pour les Maçons à justifier par le tuilage de leur régularité, quand l'Atelier auquel ils se présentent le jugera convenable.

L'illustre Frère de Rosenthal (Pays-Bas) développe cette proposition.

Il est de la plus haute importance, dit-il, qu'aucun Atelier ne puisse fermer sa porte à un Maçon régulièrement initié par un Atelier régulier ; et quand ce Maçon aura satisfait aux exigences du tuilage, il importe à la véritable fraternité Maçonnique, qu'il ne puisse en aucun cas être privé du bienfait de la communion Maçonnique. Tout Atelier devra donc s'empresser de lui ouvrir ses portes.

Je propose qu'il soit adopté une formule unique pour la rédaction de tous les diplômes, et que cette formule soit imprimée en latin, avec la version en langue nationale en regard.

Cet Illustre Frère ajoute :

Avant de terminer, permettez-moi, mes Frères, d'insister sur la nécessité où se trouve le Congrès de ne proposer que des mesures simples, très-clairement définies, peu nombreuses, et dans tous les cas, portant le caractère du plus grand respect pour les usages particuliers et acceptés de chaque nationalité.

Tous les membres présents sont entièrement de cet avis.

Le Frère de Rosenthal dépose au Congrès une circulaire du Très-Illustre Frère Prince Frédéric des Pays-Bas, dans laquelle se trouvent développés, de la manière la plus sage et la plus complète, les principes ci-dessus exposés.

Ce Frère fait aussi le dépôt d'un diplôme rédigé en langue latine et en langue hollandaise en regard, diplôme que, sans offrir comme modèle, ce Frère pense pouvoir servir comme utile indication.

Ce diplôme renferme une petite formule testamentaire qu'on fait signer comme au *ne varietur*, et qui indique que l'impétrant désire que cette pièce soit rendue après sa mort à l'Atelier qui lui a donné la lumière.

La réunion se rattache entièrement à l'opinion qu'il serait bon que tous les diplômes fussent rédigés d'après une formule latine unique, avec traduction en langue nationale en regard; qu'il serait utile aussi que ces diplômes eussent la formule testamentaire.

En conséquence, la réunion proposera à l'assemblée générale du Congrès, de dire que cette mesure a son assentiment, et qu'elle la propose à la sanction de toutes les obédiences maçonniques.

La réunion décide qu'elle proposera au Congrès de soumettre à l'acceptation de la Maçonnerie la résolution suivante :

« Il ne sera délivré de titres écrits et surtout imprimés
« qu'aux Frères possédant au moins le grade de Maître. »

La conférence s'occupe de la gravité des incon-
vénients qu'il y a à voir des profanes déclarés
indignes par des Ateliers de leur pays, se présenter et
être admis dans les Ateliers de pays limitrophes, et re-
paraître ensuite dans leur Orient avec des pièces en
règle.

Elle décide qu'on discutera ultérieurement cette
question, et chacun des membres présents est
invité à chercher le moyen de remédier à cet incon-
vénient qui est toujours un abus.

Il est six heures; la conférence s'ajourne au lundi
onze juin.

SÉANCE DU LUNDI 11 JUIN 1855.

Le onzième jour du quatrième mois de l'an de la
vraie lumière 5855 (11 juin 1855).

Présidence de l'Illustre Frère Heullant, Grand-
Maître adjoint.

Le Grand-Maître fait savoir que le Prince Grand-
Maître se proposait de présider la réunion, mais
qu'une indisposition de la Princesse Murat le prive de
ce plaisir. Le Frère Heullant annonce que Son Altesse
présidera demain, à une heure, la réunion, et que
Son Altesse désirerait qu'une réunion du Congrès eût
lieu l'année prochaine, par exemple, en Hollande;
qu'il serait à souhaiter qu'il émanât du Congrès une
idée capable d'amener dans le monde maçonnique un
certain travail intellectuel.

Le Frère de Rosenthal (Pays-Bas) prend la parole
et dit qu'il croit préférable de ne fixer une nouvelle réunion que dans trois ans. Il ajoute que, tout flatté qu'il
serait que les Pays-Bas fusssent honorés d'un tel choix,
il craint que cela ne donne à dire que ce pays n'a été
choisi à côté de tant d'autres plus grands et non moins
centraux, que parce qu'il était représenté directe-
ment, qu'il faut craindre de blesser les susceptibi-
lités; enfin, ce Frère proposerait Francfort ou Hambourg.

Le Grand-Maître adjoint répond que la difficulté
est tout entière dans ce fait, que pour Francfort, la
convocation de Paris est restée sans réponse; que
Hambourg, à la vérité, a témoigné de son vif désir de

prendre part aux travaux du Congrès, mais n'y est pas
·représenté.

Le Frère Donoughmore (Irlande) propose que Londres soit choisi comme point de réunion du futur Congrès. Il appuie cette proposition sur cette raison : que
les habitants des diverses parties du monde qui viennent
en Europe sont conduits nécessairement à voir Paris et
Londres, et qu'il n'en est pas ainsi des villes secon-
daires.

Le Grand-Maître adjoint propose la nomination
d'une commission permanente chargée de recevoir
les observations ou propositions relatives au prochain
Congrès, et de fixer le lieu et l'époque de réunion
du Congrès.

Le Frère Cummings (Washington, Etats-Unis) propose un amendement à cette proposition. C'est que
la Commission ne puisse choisir qu'entre Paris et
Londres, et que ladite Commission ne puisse convoquer
le Congrès que lorsqu'elle aura reçu avis que toutes
les Grandes-Loges ou Grands-Orients sont prêts à
discuter les questions posées par le Congrès.

Le Frère Philipps (Richmond, Etats-Unis) demande
qu'un délégué de chaque pays représenté soit nommé
membre de la Commission de permanence.

On met aux voix la question de savoir si la Commission sera de sept membres. Cette proposition est re-
jetée. Celle de savoir si elle sera de cinq membres est

mise aux voix et acceptée. La Commission sera ainsi constituée : deux Français, un Américain, un Anglais, un Hollandais.

Sont désignés pour faire partie de la commission, les Illustres Frères :

De Rosenthal, (Pays-Bas);
De Donoughmore, (Irlande);
Heullant, (France);
Razy, (France).

Les Frères Américains informent l'Assemblée qu'ils feront connaître demain le candidat qu'ils proposeront pour faire partie de la Commission.

Il est décidé qu'en cas d'empêchement d'un des commissaires, le Grand-Maître de chaque Grande-Loge ayant un représentant dans la Commission désignera son remplaçant.

Le Grand-Maître adjoint propose aux membres du Congrès de célébrer la réunion par un banquet : il fait espérer que le Prince présidera.

On fixe ce banquet au mercredi suivant, à sept heures.

Le Frère de Donoughmore (Irlande) prend la parole pour demander qu'on prenne la résolution de pro-

poser à la sanction des diverses puissances maçonniques la déclaration suivante :

Chaque pouvoir maçonnique s'interdit le droit de
créer des Ateliers dans les pays où il existe des puissances maçonniques. Ce Frère développe sa proposition, et l'appuie d'excellentes raisons fort goûtées
par l'Assemblée.

Le Frère de Rosenthal (Pays-Bas) insiste fortement
sur la nécessité de déclarer que cette disposition
n'aura pas d'effet rétroactif, et que la formule définitive
sera précédée des mots *à l'avenir*.

Il pense que toute disposition qui ne stipulerait pas
cette condition aurait pour résultat d'éloigner peut-
être certains Orients allemands et autres, ce qui serait
très-fâcheux. D'ailleurs, dit-il, la Hollande possède
dans certaines possessions anglaises plusieurs Loges
qu'elle a constituées du temps où ces pays étaient
sous sa dépendance. Le Grand-Orient de Hollande
conserve avec ces Loges des relations extrêmement
agréables. Les Frères qui les composent sont sujets
fidèles de la reine d'Angleterre ; mais les priver du
plaisir de leurs vieilles relations ne serait pas juste et
il ne saurait y consentir

L'Assemblée accède unanimement à ce juste désir
et la proposition est ainsi rédigée :

Chaque pouvoir maçonnique s'interdit, à l'avenir, de créer

des Ateliers dans les pays où il existe des puissances maçonniques.

Il est six heures, la séance est levée.

SÉANCE DU MARDI 12 JUIN 1855.

Le douzième jour du quatrième mois de l'an de la vraie lumière 5855 (12 juin 1855 ère vulgaire.)

Présidence de l'Illustre Grand – Maître adjoint Heullant.

L'Illustre Grand-Maître Heullant informe l'Assemblée que le Prince Grand-Maître a désigné pour faire partie du Congrès universel, le Très-Illustre Frère Furnell, député lieutenant du Comté de Limerick (Irlande). Ce Frère prend séance en cette qualité.

La séance s'ouvre par un discours écrit de l'Illustre Frère Parker Cummings (Washington, Etats-Unis),

que traduit en partie l'Illustre Frère de Donoughmore
et dont voici la traduction littérale : (1)

Très-Illustre Grand-Maître,

Un sujet aussi important que celui en question hier, paraîtrait exiger de moi et de mon collègue plus de talent dans
l'expression de nos sentiments, et de ce Congrès une attention
à l'objet en discussion suffisante pour remédier à un mal qui
a longtemps été un sujet de plainte pour les Frères Trans-
Atlantiques, dont nous sommes les représentants.

Dans cet asile pacifique, notre Loge que chaque Frère sent
être le jardin mental, où se cultivent ces sentiments d'amour
qui sont le meilleur ornement de notre commune nature, où
nous nous isolons du reste du monde, de ses débats et de ses
discussions, nous la fraternité américaine ne souhaitons pas
être crus capables d'avoir des sentiments ou de demander
l'observation de règles qui pourraient paraître au moindre degré préjudiciables aux intérêts et au bonheur d'un individu de
la race humaine. Là dessus, Illustre Maître, nous appelons
votre propre attention et celle de cette honorable réunion sur
le caractère dominant de notre Institution, *la Charité*, non-
seulement par nos fonds pour venir en aide à des Frères dans
la détresse, par nos sympathies et nos consolations dans leurs
chagrins, mais encore dans un sens plus élevé et bien distinct;
la charité pour leurs erreurs, surtout pour celles qui sont
l'effet des circonstances et qui paraissent à nous au moins
être indigènes à notre sol. — En même temps que les bien-

(1) Voir page 99, Annexe n° 16.

faits de la civilisation, des lois, des arts, de la religion et des
lettres, dont nous avons hérité de nos parents, la France et
l'Angleterre, nous avons également reçu l'institution de l'es-
clavage, elle est maintenant étendue et enracinée dans notre
sol et dans une grande partie de notre pays ; c'est une chose
aussi nécessaire aux deux races qu'aucune des institutions qui
existent en ce pays-ci, et quoique les philanthropes puissent
penser, il n'en est pas moins douteux, au moins pour les esprits pratiques, que son abolition soit avantageuse pour les
noirs eux-mêmes.

Tels étant les faits et les nécessités de la question, nous de-
mandons seulement aux Frères de cet hémisphère l'observation de ce que nous pratiquons nous-mêmes, par suite de notre
distinction géographique entre le nord et le sud, et l'observation de cette loi maçonnique de non-intervention, dans une af-
faire qui influerait sérieusement sur la position sociale et ci-
vile du Maçon possesseur d'esclaves, et qui ont donné malheureusement lieu déjà à des plaintes sérieuses, et qui menace
de creuser entre la fraternité un gouffre aussi large que la mer
qui nous sépare, si les Loges européennes continuent à donner des chartes et à conférer des degrés à des hommes qui,
pour le moins, n'y sont pas qualifiés étant citoyens d'un autre pays. — En rappelant, trois fois Illustre Maître, que nos
Institutions honorées depuis longtemps, ont dû leur existence
et leur utilité à ce qu'elles s'adaptent heureusement aux lois
et aux usages de tous les pays dans lesquels elles ont fleuri ;
bien convaincus de la faible quantité de bien qui peut être
le résultat, pour les récipiendaires eux-mêmes, de la continua-
tion de cet usage, et de la grande somme de mal qu'il peut

— 46 —

causer en grand à cette Institution ; nous supposons que ce
Congrès donnera son attention la plus sérieuse à cet objet, et
que dans sa sagesse, il atteindra un but important en portant
remède à ce mal.

Le Très-Illustre Grand-Maître adjoint Heullant
fait remarquer que la Constitution maçonnique
française ne permet pas aux Maçons français d'adhé-
rer aux diverses propositions de ce discours ; qu'elle
a déjà tranché la plupart des points en question.

L'Illustre Frère Philipps (Richmond, Etats-Unis)
déclare s'en rapporter d'ailleurs entièrement aux réso-
lutions de la conférence et les accepter complètement.

Le Frère de Rosenthal (Pays-Bas) rappelle qu'il
avait déjà proposé que les divers pouvoirs maçonniques
se fissent réciproquement connaître les motifs d'exclusion qui ont frappé les divers profanes déclarés indignes.

Ce Frère insiste sur la nécessité de bien conserver
les deux nuances suivantes : *Incapacité* et *Indignité*.

L'*Incapacité* conduisant seulement à l'ajournement
du profane ne donne pas motif à la notification aux
pouvoirs maçonniques étrangers.

L'*Indignité* déclarée amenant l'exclusion absolue,
détermine au contraire l'absolue nécessité de cette
notification.

Passant à une autre question et au sujet des initia-
tions faites à l'étranger de profanes qui reviennent

dans leur pays porteurs de titres qu'ils n'auraient pas
obtenus chez eux ; et par suite la longue discussion
qui s'est établie au sein de la conférence au sujet de
la question de l'introduction des noirs dans les Loges
par voie de conséquence, la conférence accepte à l'u-
nanimité la resolution suivante, qu'elle demandera au
Congrès de sanctionner et de soumettre à l'approbation des puissances maçonniques :

Avant de procéder à l'initiation d'un profane, étranger au
pays dans lequel il demande la lumière, des renseignements
seront pris près de l'Orient du pays dont le profane est le
sujet, sauf les cas extraordinaires d'une urgence bien reconnue
et bien constatée.

Le Frère de Rosenthal rappelle qu'il a été décidé
qu'indépendemment de l'unité de formule du diplôme, les vénérables sont tenus de communiquer les
mots, signes et attouchements des rites écossais et
modernes, les seuls universellement répandus.

L'Assemblée décide unanimement que ce vœu sera émis.

Le Frère de Donoughmore désire qu'il soit pris
des mesures dans l'impression des *protocoles*, pour
que les profanes ne puissent pas croire que la Maçonnerie n'est pas unitaire, et qu'ils ne puissent pas
penser ainsi que les Maçons n'ont pas de moyens ab-
solus de se reconnaître entre eux.

L'Assemblée charge la Commission permanente de tenir compte de ce désir.

Les Frères Américains font savoir qu'ils ont désigné l'Illustre Frère John Dove, Grand-Secrétaire de la Grande-Loge de Virginie, Orient de Richemond (Etats-Unis), comme membre de la Commission permanente.

L'Assemb.ée sanctionne ce choix.

Il est six heures, la séance est levée.

SÉANCE DU MERCREDI 13 JUIN 1855.

Le treizième jour du quatrième mois de l'an de la vraie lumière 5855 (13 juin 1855, ère vulgaire.)

Présidence du Très-Illustre Grand-Maître adjoint Heullant.

Les travaux sont ouverts en la forme ordinaire.

Les Frères Boubée et Faultrier tiennent les deuxième et troisième maillets.

Le Frère Janin occupe le banc de l'orateur ; le Frère Rexès celui de secrétaire.

Le Frère Claude, Secrétaire du Congrès, tient le pinceau.

Les Frères d'Arragon et Lallier, Maîtres des cérémonies.

L'Illustre Grand-Maître adjoint Heullant, informe le Congrès qu'il vient de recevoir une planche du Prince Grand-Maître, pour l'informer que des occupations profanes et tout-à-fait imprévues, l'empêcheront d'assister au banquet de ce jour, mais qu'il compte présider demain les travaux du Congrès.

Après une courte réunion dans la salle ordinaire des conférences du Congrès, tous les Frères se rendent à la salle des Banquets, en ordre et en silence, bannières déployées, et précédés des Maîtres des Cérémonies.

Tous les Frères ayant pris place, les travaux Maçonniques sont suspendus pour se livrer à ceux de la mastication.

Bientôt, le Très-Illustre Grand-Maître annonce que les travaux maçonniques, qui avaient été suspendus pour ceux de la mastication, vont reprendre force et vigueur.

Le Temple est couvert intérieurement et extérieurement.

Le maillet retentit et le Grand-Maître invite à charger et à aligner sur l'une et l'autre colonne, pour une précieuse santé qu'il va avoir la faveur de proposer.

4

Tout étant chargé et aligné le Grand-Maître dit :

Debout et à l'ordre, mes Frères.

La santé que j'ai la faveur de vous proposer est celle de Sa Majesté l'Empereur Napoléon III, nous y joindrons celle de Sa Majesté l'Impératrice Eugénie et de tous les membres de la famille impériale ; nous porterons un toast à la France !

Illustres Frères étrangers, ces santés si chères et si précieuses pour nous Français, nous sont aussi prescrites par nos réglements ; mais pour vous, il n'y a aucune obligation. vous êtes libres de vous abstenir, à vos cœurs seuls nous faisons appel !

A Sa Majesté l'Empereur Napoléon III, à ce souverain dont la première pensée en arrivant au trône a été la paix du monde et l'union des peuples, à ce civilisateur qui n'a pris les armes que pour assurer le progrès et la civilisation, à celui qu'éclaire le Grand-Architecte des mondes et qui, propagateur ardent des principes maçonniques, crée chaque jour des institutions humanitaires !

A Sa Majesté l'Impératrice Eugénie, cet ange tutélaire des malheureux et qui, chaque jour, justifie le choix de son noble époux !

A tous les membres de la famille impériale !

A la France, notre belle patrie, à ce peuple heroïque et généreux qui, après s'être couvert de gloire dans les combats, sait apprécier les douceurs de la paix et est heureux de tendre la main aux autres peuples qu'il appelle ses frères.

1*er feu* : A la gloire de l'Empereur Napoléon III, puisse notre dévouement lui prouver notre reconnaissance.

2ᵉ *feu* : A l'Impératrice Eugénie, à son bonheur et à celui de tous les membres de la famille impériale.

3ᵉ *et dernier feu* : A la France, à l'union des peuples.

Ces santés si précieuses sont portées avec la plus parfaire régularité, et suivies d'une triple et énergique batterie.

Après les batteries auxquelles tous les Frères prennent part, le Grand-Maître Président dit :

Très-Illustres Frères étrangers,

Je ne saurais assez vous remercier de la manière vive et chaleureuse avec laquelle vous vous êtes joints à nous pour porter de si nobles santés.

Depuis que nous sommes réunis, l'entente la plus fraternelle n'a cessé de régner parmi nous ; toujours même conformité d'idées, toujours même preoccupation d'arriver à assurer la gloire et la prospérité de l'Ordre entier.

Pardonnez à ma faible voix d'abuser encore quelques instants de votre indulgence fraternelle et permettez-moi en ce jour solennel, de vous dire le fond de nos cœurs et notre pensée tout entière.

Nos ennemis, et malheureusement le nombre en est grand, usent de tous les moyens et profitent de tout pour nous attaquer. Ils prennent prétexte de mots gravés dans notre constitution pour déverser sur nous d'odieuses calomnies, et nous attribuer les cruels malheurs d'époques que je n'ai point à rappeler ici.

Oui, les mots liberté, fraternité, égalité, brillent en tête de notre constitution, et nous en sommes fiers ! Mais ces mots sublimes, tracés·à chaque page dans l'Evangile, ce livre divin, n'ont-ils pas toujours servi dans les temps les plus reculés. de base aux principes de notre Ordre !

Si des esprits égarés, si de tristes ambitieux, cherchant à à asservir le peuple en lui parlant liberté, ont fait un abus trop cruel de ces mots sacrés et les ont ternis pour un moment par de fatales et sinistres interprétations, devons-nous les effacer de notre enseignement? Non ! Mais devant tous, et dans des circonstances graves et importantes, nous devons dire hautement et sincèrement comment nous comprenons ces idées philosophiques, comment nous les interprétons et comment nous les enseignons, nous, Maçons, hommes de paix et d'union.

La Liberté, cette fille du ciel, cette mère de la civilisation, ce beau fleuron de la couronne de l'homme, la liberté que nous enseignons n'est point coupable des fatalités commises en son nom. Rendre à César ce qui est à César ; respecter et pratiquer les lois du pays que l'on habite, est une des premières obligations que nous prescrivons à nos néophytes. Pour être vraiment libre, l'homme, suivant nous, doit savoir dompter ses passions et pratiquer la vertu, il doit travailler au progrès lent, sage et raisonné de la civilisation, il doit se vouer au bonheur commun.

L'Egalité, celle que tous les Maçons pratiquent continuellement, est le droit pour chacun de prétendre à toutes les fonctions et dignités, mais non le droit de les obtenir quand même; c'est au plus digne qu'elles sont dévolues. Tous nous sommes frères, tous nous sommes égaux pour travailler de concert au bonheur commun ; mais à chacun selon ses œuvres, à chacun selon son mérite.

La Fraternité, ce sentiment sublime et si cher à nos cœurs n'est point pour nous ce vain mot dont ont tant abusé des utopistes rêveurs. La fraternité est le lien sacré qui nous unit tous, c'est l'obligation pour tous Maçons de s'aimer et de s'entre aider, c'est une vertu plus sublime que la charité prêchée dans le monde profane. Enflammés de l'amour du prochain, nous ne donnons pas, nous partageons avec nos frères, nous mettons à la disposition de tous notre bourse, nos bras et notre intelligence. Nous arrivons ainsi à pratiquer la plus pure des vertus que nous inspire le Grand-Architecte de l'univers, l'amour du prochain.

Tels sont, Illustres Frères, les sentiments qui nous animent, ils sont les vôtres ; l'empressement que vous avez mis à vous joindre à nous, l'affection franche et sincère que vous nous témoignez à chaque instant, sont pour nous une preuve que nous sommes liés à jamais par les mêmes sentiments et par la même conformité de principes et d'idées.

L'Illustre Frère de Rosenthal demande la parole et dit :

Les nobles et belles paroles que vous venez d'entendre doivent rester profondément gravées dans nos cœurs, j'en réclame l'insertion *in extenso* au procès-verbal, il importe qu'elles soient connues de tous ; leur communication, n'en doutez pas, aura une grande influence sur la composition du futur Congrès. Cher Frère Heullant, recevez nos sincères remerciements; vos paroles ajoutent, s'il est possible, à l'estime et à l'affection que nous avions conçues pour vous depuis que vous dirigez nos travaux.

Le Grand-Maître dit :

Veuillez vous préparer mes Frères à charger et aligner pour une deuxième santé que je vais avoir la faveur de vous proposer.

Tout étant chargé et aligné, le Grand-Maître dit :

Debout et à l'ordre mes Frères.

La santé que je vais avoir la faveur de vous proposer et que son Altesse le Grand-Maître regrette vivement de ne pouvoir porter elle-même, est celle des grandes puissances Maçonniques étrangères qui sont représentées au Congrès ; nous y joindrons celle des délégués de ces grandes puissances.

Très-Illustres Frères délégués, dit le Grand-Maître, je suis heureux d'être l'organe de nos Frères du Grand-Orient de France et de vous témoigner toute notre gratitude pour le zèle empressé, et les lumières que vous avez apportés à l'œuvre du Congrès Maçonnique. Assurez, je vous prie, les Grands-Maîtres et les Grands-Orients qui vous ont envoyés, de tous nos sentiments de dévouement fraternel. remerciez-les de la manière dont ils ont répondu à notre appel, et surtout de s'être fait représenter par des Frères tels que vous.

Premier feu : au souvenir perpétuel du Congrès.

Deuxième feu : à la prospérité et à la gloire de notre chère Institution.

Troisième feu : à l'union de tous les Orients, à la Maçonnerie universelle.

Après ces paroles une triple batterie est tirée avec enthousiasme.

L'Illustre Frère de Rosenthal (Pays-Bas), demande la parole et prononce le discours suivant :

Après les sérieuses délibérations des derniers jours il ne nous manquait pour apprécier dans toute leur étendue, et votre attachement profond aux vrais principes de l'art royal, et votre hospitalité exquise que le banquet splendide et fraternel, autour duquel nous nous trouvons rassemblés dans ce moment. C'est pour ainsi dire le couronnement de l'œuvre fraternelle qui, comme nous l'espérons tous, laissera des traces ineffaçables dans les annales de la Franc-Maçonnerie.

Veuillez donc agréer, Très-Chers Frères, les remercîments que j'ai l'avantage de vous adresser au nom de tous les représentants des puissances Maçonniques étrangères, réunis avec vous dans ce sanctuaire, pour l'accueil vraiment fraternel dont vous nous avez entourés pendant notre séjour dans ce Grand-Orient.

Il nous est doux de combiner avec ces remercîments sincères l'expression de notre plus vive reconnaissance pour la santé que vient de proposer l'Illustre Grand-Maître, à l'honneur des puissances Maçonniques étrangères, et que vous avez accueillie avec des applaudissements enthousiastes.

Quand, de retour dans nos foyers, nous ferons un rapport détaillé de tout ce que nous avons vu et entendu dans ces jours à jamais mémorables, certes, nous n'oublierons pas les belles paroles que vous, Illustre Grand-Maître, venez de prononcer, à l'honneur de vos Illustres Mandants, et nous sommes convaincus d'avance que l'empressement avec lequel ils ont répondu à votre appel, se trouvera à leurs yeux largement récompensé par toutes les prévenances et bontés dont vous n'avez cessé un seul moment d'environner leurs mandataires.

Au milieu des sentiments affectueux dont nous nous sentons pénétrés dans ce moment, il ne nous reste qu'un seul regret à exprimer, savoir qu'une indisposition subite nous prive du plaisir de voir présider ce banquet fraternel par l'Illustre Prince qui est placé par votre choix unanime à la tête de la Franc-Maçonnerie française ; nous nous associons de cœur et d'âme aux vœux que vous formez pour sa prompte guérison et pour la santé et la prospérité de son auguste famille. Nous vous prions, Illustre Grand-Maître, de vouloir être chez cet Illustre Frère, l'interprète de nos sentiments de reconnaissance et de fraternité respectueuse, et de faire agréer notre vœu bien sincère ; qu'il puisse trouver un jour dans l'union intime de tous les Maçons répandus sur la surface des deux hémisphères la douce récompense de l'œuvre par lui si heureusement commencée.

Les nobles paroles du Frère de Rosenthal sont couvertes, sur l'indication de l'Illustre Frère Heullant, par une triple batterie des plus vives.

Le Grand-Maître invite alors les Frères à prendre place.

Le maillet du Frère 1ᵉʳ surveillant se fait entendre. Ce Frère demande au Très-Illustre Président l'autorisation de commander les armes pour une santé qu'il veut avoir la faveur de porter.

Cette autorisation lui est accordée, et cet Illustre Frère invite le Frère Orateur et le Frère 2ᵉ surveillant à prier les Frères de l'Orient et de la colonne du nord à se préparer à charger et à aligner.

Tout étant chargé et aligné,

La santé que j'ai la faveur de vous proposer. mes Frères, dit l'Illustre Frère Boubée, est celle du Très-Illustre prince Lucien Murat, Grand-Maître de l'Ordre Maçonnique, en France. Nous joindrons à cette précieuse santé celle de nos Très-Chers Grands-Maîtres Adjoints, Heullant et Razy.

Puisse la vivacité de notre feu témoigner à notre bien-aimé Grand-Maître combien nous sommes heureux et fiers de le voir à notre tête, étendre sa bienfaisante influence sur notre Ordre entier, et prouver à ses adjoints combien nous apprécions leur dévouement à l'Ordre et l'éclat de leurs lumières.

Premier feu : Au prince et à sa famille, bonheur et longue vie.

Deuxième feu : Aux Grands-Maîtres Adjoints, à tout ce qui leur est cher.

Troisième feu : A la prospérité toujours croissante de la Maçonnerie.

Ces santés sont couvertes des plus chaleureuses batteries.

Le Grand-Maître Heullant répond au nom de Son
Altesse royale le Prince Lucien Murat; les deux
Grands-Maîtres adjoints remercient et font tirer une
triple batterie.

Après un instant de repos, le maillet du Grand-
Maître se fait entendre. Cet Illustre Frère invite les
Frères 1" et 2" surveillants à prier les Frères de leurs
colonnes respectives à se préparer à charger et à aligner pour une quatrième santé qu'il va avoir la faveur
de leur proposer.

Tout étant chargé et aligné

Le Grand-Maître dit :

Debout et à l'ordre mes Frères.

La santé que j'ai la faveur de vous proposer est celle des
Frères, premier et deuxième surveillants, orateur, secrétaire,
maîtres des cérémonies.

(Ici l'Illustre Grand-Maître trouve le moyen d'a-
dresser à chacun de ces Frères en particulier des paroles bienveillantes et flatteuses).

Cette santé, mes Freres, est destinée à exprimer à ces officiers toute notre satisfaction pour la façon brillante dont ils ont
rempli leurs offices, et à leur témoigner tout notre attachement.

Les trois feux consacrés sont des plus ardents.

Une vive et triple batterie couvre cette santé.

Le respectable Frère Boubée, 1er surveillant prend la parole pour répondre à cette santé.

Très-Respectables Frères, dit-il, en portant une santé en faveur des officiers qui l'aident à diriger les travaux du Congrès, notre Très-Illustre Grand-Maître a bien voulu me comprendre avec des expressions tellement flatteuses, que si quelque chose était capable d'exciter le zèle d'un Maçon, ce serait, sans doute, l'espoir d'obtenir une aussi belle récompense.

Eh! qui ne serait fier d'être ainsi fêté par les représentants de la Maçonnerie universelle! Aussi, puis-je vous dire avec vérité que depuis 60 ans que j'ai le bonheur de jouir de la véritable lumière, je n'ai jamais éprouvé une plus vive et en même temps une plus douce émotion.

Mais je m'arrête pour céder la parole aux Très-Respectables Frères deuxième surveillant et orateur, qui sont aussi impressionnés que moi, et non moins impatients de vous exprimer leur vive reconnaissance.

Le Frère Orateur :

Très-Illustres Frères,

Veuillez agréer les remercîments bien sincères de tous les officiers dont vous avez porté la santé et au nom desquels j'ai la parole en ce moment. Je craindrais d'affaiblir l'effet du discours de notre Respectable Frère Boubée. Nous nous associons tous à ses sentiments, comme nous nous joignons à lui pour une triple batterie.

Le Frère Boubée a la parole et lit l'ode suivante :

LE CONGRÈS MAÇONNIQUE UNIVERSEL.

ODE.

De chants nobles et purs quelle source féconde !
Quel spectacle nouveau ! mille peuples divers
Réunis pour fêter le grand réveil du monde,
    Du monde qui brise ses fers !

Elle fleurit enfin, la grande période (1)
Qui compte six mille ans autour d'elle groupés !
De l'antique progrès elle invoque le code,
    Les peuples sont émancipés !

---

(1) Les Chaldéens et les Egyptiens appelaient *grande période* l'intervalle qui s'écoulait entre les invasions périodiques de la mer sur chaque hémisphère.

Suivant les astronomes Chaldéens, cet intervalle était de 36,000 ans, parce que, suivant eux, la révolution du *mouvement rétrograde du calcul des fixes* se faisait à raison d'un degré par siècle.

Les Egyptiens qui avaient adopté le même système, avaient trouvé que ce mouvement se faisait tous les 26,000 ans.

Les astronomes modernes, qui ont découvert et établi les théories des *absides*, ont calculé que leur révolution se faisait tous les 20,900 ans, de manière que l'hémisphère austral et l'hémisphère boréal seraient envahis successivement par les eaux de la mer tous les 10,450 ans.

Nous publierons une notice explicative à ce sujet, si le progrès maçonnique s'établit, ainsi que nous avons lieu de l'espérer, par l'adoption des cahiers des grades révisés.

(Le Frère BOUBÉE.)

Oui le grand jour paraît : le grand siècle commence ;
Abjurant toute haine et se donnant la main,
Des enfants d'Albion se sont joints à la France
      Pour affranchir le genre humain.

Leurs drapeaux réunis dans les champs de la gloire
Ont ensemble abrité leurs valeureux guerriers;
L'Europe les seconde et déjà la victoire
      Les a couronnés de lauriers.

Les artistes aussi n'ont plus qu'une patrie
C'est la France aujourd'hui qui fête leurs travaux;
Et sur son heureux sol, les arts et l'industrie
      Sont plutôt amis que rivaux.

Mais quel est ce palais où brille une lumière,
Devant qui le soleil lui-même doit fléchir ?
Profane éloigne-toi ! respecte une barrière
      Qu'en vain tu cherches à franchir.

Mais non, demeure : apprends quel est le sens mystique
Du mot qui de ce lieu décore le portail :
Sache que dans ce mot tout est allégorique
      Sous le symbole du travail.

Ce temple est l'atelier de la Maçonnerie
Où prenant en pitié les torts du genre humain,
L'homme vient travailler à se faire une vie,
      Qu'ailleurs il chercherait en vain.

Les sages répandus sur les deux hémisphères,
D'un mandat solennel, chacun d'eux revêtu,
Viennent y célébrer le plus doux des mystères,
      Celui d'honorer la vertu.

Saluant d'un respect, d'un amour ineffable,
Le créateur de l'univers !
Quoi de plus merveilleux ! quoi de plus admirable
Que ces représentants de vingt peuples divers !

Et puis chez chacun d'eux, charité, tolérance,
Amour de la patrie et de l'humanité;
Hors du temple voilà les vertus qu'il encense;
Ici, c'est la fraternité.

Le travail des Maçons sur les deux hémisphères
Cherche, par sa sagesse, à se purifier; .
Vous donc qui leur forgez des torts imaginaires,
Cessez de les calomnier.

Vous surtout, hommes vains, vous qui sur l'ignorance,
Voulez à votre joug asservir les mortels,
Qui, sur le despotisme et sur l'intolérance,
Bâtissez vos plans criminels.

Réprimez les désirs dont votre âme est empreinte,
Par la fraternité sachez vous enflammer;
Au lieu de rechercher le pouvoir par la crainte,
Aimez et faites-vous aimer.

Vainement votre orgueil sur vos trames se fonde;
Non, vous ne ferez pas reculer le progrès;
Rien ne peut étouffer sa lumière féconde :
J'en ai pour garant ce Congrès.

Mais s'il n'est pas compris, ce conseil pacifique,
Qu'un cri plus éloquent soit du moins écouté.....
Maîtres de tous les rits, qu'un maillet sympathique
Frappe le coup de l'unité !

La lecture de ce brillant morceau d'architecture

est suivie des félicitations empressées de chacun des membres présents, à l'Illustre Frère Boubée.

Le Grand-Maître Heullant provoque une batterie de remerciements et il ajoute :

Nous saluons mes Frères, dans le Respectable Frère Boubée, le nestor de la Maçonnerie française, plus qu'octogénaire, le dévouement Maçonnique le plus pur, la foi la plus vive, l'abnégation la plus complète. Puisse la Providence donner encore de longs jours à notre cher Frère Boubée !
Prenez place mes Frères.

La cinquième santé est celle de tous les Maçons heureux ou malheureux répandus sur la surface des deux hémisphères. Cette santé, comme toutes les autres, est portée avec une vive ardeur ; elle est suivie d'une chaleureuse et triple batterie tirée aux deux rites moderne et écossais.

Le tronc des pauvres circule.

Il est minuit plein, les travaux sont fermés en la forme ordinaire.
Chacun se retire en paix.

Le quatorzième jour du quatrième mois de l'an de la vraie lumière 5855 (14 juin 1855).

Présidence du Très-Illustre Grand-Maître Prince Lucien Murat.

Le Très-Illustre Grand-Maître entre dans la salle des séances.

Il occupe le fauteuil de la présidence, ayant à sa droite l'Illustre Grand-Maître adjoint Heullant; à sa gauche le Grand-Maître adjoint par interim Razy.

Le Frère Claude, secrétaire du Congrès tient le pinceau.

Le Très-Illustre Grand-Maître invite l'Assemblée à prendre séance et dit :

Mes Frères,

Nous allons clore aujourd'hui les séances du Congrès. J'ai à vous remercier du concours empressé que vous m'avez apporté et des lumières dont vous avez fait preuve.

J'espère que ce Congrès nous donnera de grands résultats,

mais ne nous abusons pas, le Congrès n'aura de valeur que
celle que lui donneront la sagesse, la maturité de ses juge-
ments, et surtout l'assentiment de tous les Grands-Orients
étrangers. Or, ce résultat ne peut être obtenu que par le temps.
J'aime à penser qu'il n'est pas douteux.

Nous allons nous occuper de voter définitivement les diverses propositions que dans votre sagesse vous avez cru devoir être soumises à l'appréciation et à l'adhésion des diverses
puissances Maçonniques.

Voici la série des propositions qui peuvent être soumises à l'acceptation des diverses puissances Maçonniques :

1° Il ne sera soumis à l'acceptation des puissances maçonniques que des mesures portant le caractère d'une évidente utilité, peu nombreuses, très-clairement définies, et
dans tous les cas faisant preuve du plus grand respect pour
les usages acceptés et particuliers de chaque nationalité.

2° Il est proposé à toutes les Grandes-Loges et à tous les
Grands-Orients du globe de ne délivrer de diplômes qu'aux
Maçons possédant le grade de Maître.

3° Il est proposé à tous les pouvoirs maçonniques l'acceptation d'une formule unique pour tous les diplômes. Cette
formule sera en langue latine et recevra en regard la version en langue nationale. Ces diplômes renfermeront en
outre une formule testamentaire dans laquelle l'impétrant
déclarera qu'il désire qu'après sa mort ce titre maçonnique fasse retour à l'Atelier qui lui a donné la lumière

4° Il est constitué une Commission permanente de cinq membres. Cette Commission a son siége à Paris, hôtel du Grand-Orient. Elle est chargée de faire parvenir à toutes les puissances maçonniques les propositions et publications du Congrès, d'entretenir la correspondance, de recevoir toutes pièces, mémoires ou propositions émanées des divers Grands-Orients ou Grandes-Loges, ou de l'initiative de Maçons qui croiraient devoir offrir au Congrès le fruit de leurs méditations; en un mot tout ce qui lui paraîtra utile aux travaux du Congrès.

Enfin elle est chargée de déterminer le lieu où devra se réunir le prochain Congrès, ainsi que l'époque à laquelle devra avoir lieu cette réunion.

Cette commission se compose des Illustres Frères :

Rosenthal (Chevalier de), pour les Pays-Bas,

Donoughmore (Comte de), pour l'Angleterre,

Dove (John), pour l'Amérique,

Heullant, pour la France,

Razy, pour la France.

En cas d'empêchement d'un des membres de ladite Commission, le Grand-Maître du Grand-Orient ou de la Grande-Loge auquel appartient ce Frère aura le droit de désigner tel Frère qui lui conviendra pour faire partie de la Commission.

5° A l'avenir, chaque pouvoir maçonnique s'interdit la faculté de constituer des Ateliers dans les pays où il existe des puissances maçonniques.

Les puissances qui possèdent des Ateliers sur le territoire des états où brillent des Grands-Orients ou des Grandes-Loges, devront consentir de bonne grâce à ce que ces Ateliers, s'ils le désirent, passent sous l'obédience du pouvoir maçonnique sur le territoire duquel ils se trouvent.

Ces Ateliers ne pourront jamais y être contraints, et les pouvoirs maçonniques des pays dans lesquels ils se trouvent leur devront tous les égards et les bons procédés que commande la plus réelle fraternité maçonnique.

6° Avant de procéder à l'initiation d'un profane étranger à l'Orient où il demandera la lumière, il sera pris des renseignements près de l'Orient du pays dont le profane est le sujet, sauf les cas extraordinaires d'une urgence bien reconnue et bien constatée.

7° Les Vénérables, dans la collation des grades de Maitres, devront communiquer aux récipiendaires les mots, signes et attouchements du rite écossais et du rite moderne.

8° La réunion, considérant que le tablier est le symbole du travail, qu'il a toujours été un des signes importants de l'esprit maçonnique ; considérant qu'il est encore d'usage général, propose de décider :

Le tablier est obligatoire dans toutes les tenues maçonniques.

9° Le Congrès convaincu de l'utilité considérable d'une correspondance régulière et active entre les divers pouvoirs maçonniques, propose que toutes les puissances soient invitées à s'adresser réciproquement, et par voie d'échange, le compte-rendu de leurs travaux et leur annuaire.

10° Le Congrès insiste sur l'utilité de la création de certains points centraux dans chaque pays pour la correspondance, et d'où elle repartirait pour arriver à tous les Ateliers de l'obédience.

Chacune de ces propositions est mise aux voix dans l'ordre où elles se présentent, par le Très-Illustre Grand-Maître Prince Murat.

Chacune d'elles obtient l'unanimité des suffrages.

Le Très-Illustre Grand-Maître demande alors à l'Assemblée si l'un ou plusieurs de ses membres n'a pas à présenter quelque observation ou proposition. Le silence règne.

L'Illustre Frère de Rosenthal demande et obtient la parole. Il prononce alors le discours suivant :

Très-Illustre Grand-Maître,

Lorsque, dans la séance solennelle d'ouverture de ce Congrès, je vous priais de ne pas vous laisser décourager par la vue des colonnes si peu garnies de cet auguste Temple, je crois avoir exprimé une pensée sympathique à tous ceux qui m'entendaient. Certes, il ne dépend pas du nombre de ceux qui les premiers ont accueilli une idée généreuse pour juger de sa portée et de la valeur et étendue des bienfaits dont tôt ou tard elle peut être le germe fécond. L'histoire est là pour nous prouver que les idées bienfaisantes qui ont donné une nouvelle impulsion aux efforts de l'humanité et préparé le bonheur des générations futures, ne sont écloses que dans le silence ou dans la réunion intime de quelques cœurs sympathiques. La Franc-Maçonnerie, comme institution humaine, n'est pas exempte de ce mouvement lent et progressif, qui semble être dans les voies de la providence, le caractère distinctif de tout ce qui est noble et grand, de tout ce qui paraît propre à faire avancer l'humanité dans la route du vrai bonheur.

Dans ce moment solennel où les séances du Congrès Maçonnique vont être closes, que nous allons nous séparer peut-être pour toujours, j'ose de nouveau. Très-Chers Frères, appeler votre attention sur cette pensée primitive, et vous demander dans la persuasion la plus intime d'une réponse négative, si aucun motif de découragement s'est présenté à votre esprit dans les jours qui viennent de s'écouler. Certes, nous avons été peu nombreux ; les places qui auraient pu être occupées par des délégués d'autres puissances étrangères sont restées vides, et la lumière qui aurait pu jaillir de la concentration de tous ces rayons lumineux, nous a fait défaut ; mais l'union la plus parfaite, un accord sans réserve sur la nécessité de plus de rapprochement dans notre Ordre sacré, et un esprit de modération et de fraternité dans l'émission et l'échange de nos opinions, qui ne s'est pas démenti un seul moment même, voilà le caractère distinctif du Congrès Maçonnique universel, convoqué par votre voix fraternelle, voilà les titres dont nous pouvons nous glorifier, et quelque imperceptible qu'il soit, je crois pouvoir affirmer sans crainte de contradiction de votre part, que nous avons fait un pas sur la route du vrai progrès Maçonnique.

Quand les grands corps Maçonniques étrangers qui ne se sont pas fait représenter dans ce Congrès, examineront le rapport succint de nos travaux, que vous proposez de leur adresser, j'ose me flatter qu'ils apprécieront à leur juste valeur l'esprit de modération, d'attachement aux véritables principes de l'art royal et de vraie fraternité qui n'a cessé de régner parmi nous. Ils verront que sans nous faire entraîner dans des déclamations vagues et emphatiques, nous nous sommes bornés à des vues exclusivement pratiques ; que les propositions modestes, qu'en respectant leur indépendance dans toute l'étendue du mot, nous osons soumettre à leur acceptation pour un Congrès prochain, sont restreintes dans le cercle des rapports extérieurs entre tous les Maçons ; que nous nous sommes abstenus constamment de tout ce qui est étranger à l'art royal, contraire aux principes fondamentaux de notre union humanitaire, ou qui aurait pu blesser la susceptibilité la plus délicate de quelque Frère qu'il soit, ou quelque rite qu'il professe dans notre sainte Institution.

En réfléchissant à tout ce que je viens d'esquisser par quelques mots, les vrais enfants de la Veuve, répandus sur la surface des deux hémisphères, sentiront que nous avons compris l'état actuel et les besoins les plus pressants de la Franc-Maçonnerie, que nous n'avons désiré avec vous, Très-Illustre Grand-Maître, que l'extension et l'élargissement de nos rapports mutuels, la levée et l'éloignement des obstacles, qui semblent s'y opposer, et que nous voulons laisser comme vous au développement libre des principes posés, le soin et la gloire de s'étendre jusqu'aux dernières limites d'une unité de vues et de dogmes.

Puisse tôt ou tard ce beau jour se lever sur les deux hémisphères où la Franc-Maçonnerie sera reconnue par tous les mortels, comme l'Institution humaine la plus noble et la plus

adaptée aux besoins réels de l'humanité ; puisse les travaux
que nous allons faire, contribuer à hâter le triomphe de la vérité et du progrès civilisateur ; et puisse, sous ce double rapport, votre nom, Très-Illustre Frère, être placé par une postérité reconnaissante, parmi les bienfaiteurs de l'humanité! Que
le Sublime Architecte de l'Univers daigne bénir à cet effet nos
efforts et exaucer nos prières.

L'Assemblée applaudit vivement aux nobles sentiments si éloquemment exprimés dans ce discours.

Le Prince Grand-Maître remercie très-gracieuse-
ment et en particulier l'Illustre Frère de Rosenthal.
Son Altesse ajoute :

Vous allez retourner mes Frères dans vos Orients respectifs.
Dites-leur bien, je vous prie, tous nos sentiments de gratitude
pour leur concours si empressé, et assurez-les de tous mes remercîments pour les choix qu'ils ont faits de Frères tels que vous.

La session du Congrès Maçonnique universel pour
5855 est close.

Par ordre du Congrès :

Le chef du secrétariat général de l'ordre,

sécrétaire du Congrès,

P. Claude,

33°.

ANNEXES.

N° 1.

Planche adressée par S. A. R. le prince Murat,
Grand-Maître de l'ordre Maçonnique en France,

A S. A. R. LE PRINCE FRÉDÉRIC DES PAYS-BAS, GRAND-MAITRE
DE L'ORDRE MAÇONNIQUE EN HOLLANDE.

O.·. de Paris, ce 12 juin 1855.

A SON ALTESSE ROYALE

LE PRINCE FRÉDÉRIC DES PAYS-BAS,

Grand-Maître de la Maçonnerie Hollandaise.

T.·. C.·. et T.·. ILL.·. F.·.,

Je ne puis laisser partir le F.·. de Rosenthal, sans exprimer à Votre Altesse Royale la gratitude que j'éprouve, non-seulement de l'empressement qu'elle a mis à me prêter son puissant concours, en envoyant un représentant à notre Congrès universel maçonnique, mais d'avoir désigné un homme tel que le F.·. de Rosenthal.

Il a fait la conquête de tout le monde ici, et si les vertus profanes et maçonniques de Votre Altesse n'avaient pas été déjà bien connues, la conduite noble et les manières affables de son représentant auraient suffi pour faire désirer à chacun de nous de connaître l'éminent Maçon qu'avait si bien su choisir celui appelé à le représenter.

Nous ne pouvons pas espérer des améliorations subites, mais j'attends beaucoup du Congrès qui vient d'avoir lieu, surtout si notre exemple est suivi dans les autres pays.

Que Votre Altesse Royale me permette d'exprimer le vœu que la prochaine réunion soit appelée par elle, dont les lumières bien connues ne pourraient que nous donner une diréction utile.

En attendant, veüillez, T∴ C∴ et T∴ Ill∴ F∴, recevoir l'assurance de mes sentiments de gratitude et de fraternité.

Le Grand Maître de l'Ordre maçonnique en France,

Prince Lucien MURAT.

33ᵉ.

N° 2.

GRAND-ORIENT DES PAYS-BAS.

LE GRAND-MAITRE NATIONAL DU GRAND-ORIENT

DES PAYS-BAS,

A SON ALTESSE ROYALE LE PRINCE L. MURAT,

Grand-Maître de l'Ordre maçonnique en France.

T.·. C.·. et T.·. H.·. F.·.,

Une absence de près de trois mois est cause que je n'ai pu répondre, avant aujourd'hui, à la pl.·. frat.·. que Votre Altesse Royale a eu l'obligeance de remettre pour moi au F.·. Nedermeyër de Rosenthal, lors de son départ de Paris, où il venait d'assister au Congrès maçonnique universel, convoqué par Votre Altesse Royale au mois de juin dernier.

Déjà, pendant son séjour en France, ledit F.·. m'avait rendu compte de l'accueil flatteur et bienveillant qu'il y avait trouvé auprès des autorités supérieures maçonniques, et, en particulier, des bontés dont Votre Altesse Royale l'avait comblé. Si j'avais osé en conclure que le choix du représentant du Grand-Orient des Pays-Bas, envoyé par moi au Congrès, avait paru à Votre Altesse Royale digne de la mission qu'il s'agissait pour lui de remplir, il m'a été bien doux d'en recevoir l'assurance d'une manière aussi flatteuse, par votre lettre, qui me prouve que les qualités personnelles du F.·. de Rosenthal lui ont valu la sympathie des personnes qu'il a eu l'honneur d'approcher.

Je vous prie donc, T.·. C.·. et H.·. F.·., d'agréer mes bien sincères remerciements et de les recevoir également pour les membres de votre Conseil, pour la manière autant distinguée que cordiale dont le représentant du Grand-Orient des Pays-Bas a été reçu chez vous.

Le F.˙. de Rosenthal en conservera toujours, soyez-en sûr, un souvenir bien précieux qui lui fera compter avec satisfaction, la mission qu'il vient de remplir au nombre des événements les plus mémorables et agréables d'une longue carrière maçonnique et profane doublement remplie par lui, et à laquelle Votre Altesse Royale a rendu un hommage aussi éclatant.

Quant aux suites favorables à attendre de la réunion solennelle qui vient d'avoir lieu, je me plais à espérer qu'elles répondront aux vues de Votre Altesse Royale sur l'avenir de l'Ordre maçonnique, et que des efforts communs à introduire, des améliorations dont l'Institution paraît susceptible encore, parmi tous les Maçons répandus sur la surface du Globe, pourront servir au vrai bien de l'humanité.

De mon côté, je continuerai volontiers à prêter mon concours aux mesures ultérieures qui seront jugées utiles pour resserrer davantage les liens de confraternité parmi les diverses parties de l'Ordre, dans le but d'avancer le règne de la vraie lumière.

Veuillez recevoir, T.˙. C.˙. et T.˙. H.˙. F.˙., l'assurance de ma haute estime et de mes sentiments fraternels.

Le Grand-Maître national,

FRÉDÉRIC, Pr.˙. des Pays-Bas,

33ᵉ.

O.˙. de La Haye, ce 22 septembre 1855.

N° 3.

Planche de la Grande-Loge de New-York,

AU GRAND-ORIENT DE FRANCE.

Grand Lodge of New-York.
New-York May 16th 1855.

Very illustrious sir and Brother,

It is with great pleasure that by order of the M.·. Ill.·. Grand-Master, and in behalf of the Grand Lodge of the state of New-York, I acknowledge the invitation with which we have been honored to attend by representative the universal Masonic Congress which is to assemble in Paris next month.

We had learned that our distinguished Brother, the M.·. Ill.·. the honorable John D. Willard, past Grand-Master of Masons in the state of New-York, was about to visit Europe for pleasure and health and that he expected to be in Paris during the great industrial exhibition. — The M.·. Il.·. Joseph D. Evans Grand-Master therefore immediately designated him for the important post of representing this Masonic power on that important occasion.

Judge Willard, on being advised with, expressed his high appreciation of the honor, but thinks it daub tful whether it will be in his power to reach Paris at as early a day as the meeting of the congress. — The M.·. Il.·. Grand-Master directs me to say that he perseveres in the appointment of our M.·. Il.·. Brother Willard and will issue to him a commission as the representative of the Grand Lodge and the fraternity of this state, in the earnest hope that he may find it possible to be present before the close of the proceedings.

The M.·. Il.·. Grand-Master directs me to reciprocate the fraternal feelings implied in your letter.

The convocation proposed has our hearty approval. On all such occasions where persons collect from all parts of the Globe, it is a fit time to bring the fraternity together, that they may realize and enjay that reciprocal love and affection , the teachings of our beloved Institution inculcates.

With sentiments of the highest respect and in the bonds of fraternal affection i ever remain.

Your brother,

James M. AUSTIN,

Grand Secretary.

Nº 4.

TRADUCTION.

—

Grande-Loge de New-York.
New-York, 16 mai 1855.

Très-Illustre Monsieur et Frère,

C'est avec un vif plaisir que par l'ordre du T.·. Ill.·. G.·. M.·., et en même temps de la Grande-Loge de l'état de New-York, j'ai pris connaissance de l'invitation dont vous nous avez honorés pour nous faire représenter au Congrès Maç.·. universel qui doit s'assembler à Paris le mois prochain.

Nous avons appris que notre F.·. distingué, le T.·. hon.·. John D.·. Willard, ancien G.·. M.·. de la Maçonnerie de l'état de New-York, était en train de visiter l'Europe pour son plaisir et sa santé, et qu'il s'attendait à être à Paris durant la grande Exposition universelle.

En conséquence, le T.·. Ill.·. G.·. M.·. Joseph D.·. Evans l'a immédiatement désigné pour la mission importante de représenter cette puissance Maç.·. dans cette grande circonstance. Judge Willard, ayant reçu avis de cette nomination, a remercié de cette haute marque de faveur, mais il pense qu'il est douteux néanmoins qu'il puisse être en son pouvoir d'arriver à Paris assez tôt pour s'y trouver au jour de la réunion du Congrès.

Le T.·. Ill.·. G.·. M.·. me charge de vous dire qu'il continue à désigner notre R.·. F.·. Willard et qu'il lui sera expédié un pouvoir de représentant de la Grande-Loge et des sentiments fraternels des membres de cet état, avec l'espoir bien désiré qu'il puisse trouver la possibilité de se trouver à Paris avant la fin des travaux du Congrès.

Le T.·. Ill.·. G.·. M.·. me charge de vous témoigner en réciprocité les sentiments fraternels contenus dans votre pl.·..

La réunion projetée a notre assentiment cordial. Dans toutes les circonstances où des personnes sont réunies de tous les points du globe, il faut y apporter cette fraternité qui fait réaliser et jouir de cet amour et de cette affection réciproques, et répandre les enseignements de notre bien-aimée Institution.

Avec les sentiments du plus profond respect et les transports de l'affection fraternelle, je me dis,

Votre F.·.,

James M.·. AUSTIN,
Grand-Secrétaire.

N° 5.

Planche de la Grande-Loge de Saxe, Orient de Dresde,

AU GRAND-ORIENT DE FRANCE.

An den Sochw∴ zugeordneten Grossmeister des Grossorients von Frankreich, Br∴ Heullant.

Hochwürdiger Br∴

Vor allen Dingen habe ich um Verzeihung wegen Verspætigung der Antwort auf Ihre so ungemein schætzbare und wohlwollende Einladung, welche ich Mitte des vergangenen Monats erhielt, nachzusuchen, da jedoch schon længer vorher auf den gestirgen Tag eine Versammlung der grossen Landes loge von Sachsen anberaumt worden, so war es mir unmœglich dem Seichsischen Logenverbande diese Einladung friher vorzutragen, welches denn nun auch gestern mit dem grœsten Danke für die demselben dadurch cewiessne Aus zeichnung geschehen ist.

In diesen Dank und in die Anerkennung der Wichtigkeit einer solchen Vereinigung wie die seyn wird, zu welcher auch wir eingeladen zu werden Ceehrt wurden, haben sæmmtliche Lerüder Repræsentanten eingestimmt; leider aber hat es sich bei den weitern desfallsigen Berathungen gezeigt, dass es den vorwaltenden Verhæltnissen nach ganz unmœglich stellen dürfte, eine Deputation von Mitgliedern unserer Gross loge zu organisiren, welche mit diesem hochgeachteten Auftrage in der angegebenen Zeit und unter den gehegten Erwartungen für diesen Zweck, abzusenden seyn kœnnte.

Ich muss es daher dabei Cewenden lassen, Ihnen dieses schleunigst zu melden, Sie der innigsten Theilnahme zu versichern, die beglückenden Erfolge von diesem hochwich tigen Vereine Seiten unserer

Grossen Landesloge Ihnen an zuwünschen, und mit der Versicherung der volkommensten Hochachtung und Brudertreue mich zu unterzeichnen als.

der Grossmeister,
der Grossen Landes Loge von Sachsen,

Karl Theodor WINKLER,
G. WESTEN, Suc.

Dresden, 23 mai 1855.

N° 6.

TRADUCTION.

—

Au Très-Vénérable Frère HEULLANT, Grand-Maître adjoint
du Grand-Orient de France.

Très-Vénérable Frère,

Avant toutes choses, je dois m'excuser du retard que j'ai mis à répondre à votre très-estimable et très-bienveillante invitation que j'ai reçue vers le milieu du mois dernier. Mais comme longtemps auparavant il avait été décidé qu'il y aurait hier une assemblée générale de la Grande-Loge du pays de Saxe, il m'a été impossible de soumettre plus tôt cette invitation à l'union des Loges Saxonnes, ce qui a eu lieu aussi hier en exprimant la plus grande reconnaissance pour la distinction qui lui est exprimée par cette invitation.

Pleins de ce sentiment, et reconnaissant l'importance d'une réunion telle que celle qui va avoir lieu, à laquelle vous nous avez fait l'honneur de nous inviter, tous les Frères ont voté des représentants; mais malheureusement dans les délibérations ultérieures sur cet objet, il s'est trouvé que dans les circonstances actuelles, il serait tout-à-fait impossible d'organiser une députation de membres de notre Grande-Loge qui pourrait être envoyée pour remplir cette mission si honorable, dans le temps fixé et pour convenir à l'attente que fait naître cet objet.

Je dois, par suite, me borner à vous en informer le plus tôt possible, et vous assurer de la participation intime que la Grande-Loge, de notre pays prend à l'importante réunion qui se prépare, et à laquelle elle souhaite les résultats les plus heureux ; et en vous assurant de ma parfaite estime et de ma fidélité fraternelle, je signe comme Grand-Maître de la Grande-Loge du pays de Saxe.

Signé : Charles-Théodore WINKLER.

Dresde, le 23 mai 1855.

Signé : G. WESTEN, secr.

N° 7.

Planche de la Loge Française la Tolérance, n° 784, Orient de Londres.

AU GRAND-ORIENT DE FRANCE.

Orient de Londres, le 29 mai 1855 (E. V.)

T∴ Ill∴ F∴,

J'étais dans l'espérance de pouvoir participer à la solennité maçonnique qui convie la grande famille au banquet de la fraternité. C'est une grande et belle pensée, que celle de convoquer tous les enfants de la veuve, épars sur la surface du globe, à se réunir une fois, la première, après des siècles d'existence, sous leur bannière protectrice. Il faudrait ne pas être Maçon, pour ne pas se réjouir du fond de l'âme, du sentiment qui a présidé à cette conception sans exemple dans les annales de l'Ordre. J'aurais répondu immédiatement à la planche que vous m'avez fait la faveur de m'adresser à ce sujet, pour vous faire part du bonheur que j'aurais éprouvé de pouvoir me rendre à votre appel, si j'avais été certain de pouvoir réaliser mes désirs. Mais des circonstances impératives s'y opposent, et je ne puis me rendre à Paris en ce moment. Premier fondateur de la ⸫ Française, j'eus l'honneur de la présider pendant deux ans. M'étant absenté de Londres pendant six années, je ne la visitai que de temps à autre, lorsque je fus sollicité par la bienveillance des membres de *la Tolérance* de reprendre le maillet. J'ai en conséquence, hâté mon retour, pour me rendre à leur désir ; mais c'est seulement depuis trois semaines que je suis rentré dans la capitale où j'ai transféré mon établissement.

Entouré d'ouvriers d'une part, qui ne peuvent rien sans ma direction, et de malades qui réclament mes soins, je me trouve dans l'impossibilité de m'absenter. Je tenais à cœur, cependant, que la ⸫ fut représentée ; il semble naturel que la ⸫ Française soit en quelque sorte, l'Atelier intermédiaire entre les deux grandes puissances Maçonniques. Je me suis, en conséquence, enquis auprès des FF∴ qui, je pensais, pourraient le mieux remplir l'honorable mission de député, me promettant, si j'avais trouvé un volontaire, d'assembler la ⊡ pour ratifier ses titres. N'ayant pas réussi, je me trouve dans la nécessité de répondre personnellement à votre bienveillante lettre, T.·. Ill.·. F.·., ayant toutefois à exprimer les sentiments de regret des membres de l'Atelier que j'ai consultés. Je ne puis assez exprimer le chagrin que j'éprouve, que des circonstances impérieuses m'empêchent de jouir des douceurs que présentait une occasion si belle, plus flatteuse pour moi peut-être que pour beaucoup d'autres, ayant l'honneur d'être en relation avec le G.·. M.·. de l'Orient Anglais, lord Zetland, que tous les Maçons révèrent pour ses vertus. La ⊡ Française lui doit beaucoup. C'est à sa bienveillance que nous devons l'obtention de nos constitutions qui pendant plus de trente ans avaient été refusées. Hommage donc lui soit rendu, je désire qu'on le sache.

Le rapprochement des deux Grands-Orients doit être le précurseur de grands bienfaits. Sous le rapport humanitaire, il doit faire briller l'ordre Maçonnique d'un nouvel éclat, et rallumer le feu sacré. Ses rayons lumineux doivent à jamais éclairer les confins du monde, éteindre les préjugés, rapprocher les hommes et les nations, et devenir une source de paix et de bonheur universel. Si notre devoir est de travailler à l'œuvre morale de l'émancipation humaine, avec quelle joie ne devons-nous pas voir l'occasion heureuse qui nous en présente les moyens, lorsque d'une part deux nations, jadis ennemies, versent en commun le sang qui doit cimenter des liens d'amitié indissolubles, lorsque les arts, les sciences, l'industrie, forment la chaîne d'union qui révèle l'intelligence dont le G.·. A.·. de l'Un.·. a doué l'espèce humaine. Il appartient à la Maçonnerie de rassembler ses adeptes, et de faire une armée dont les glorieux triomphes seront l'élévation de l'âme, la pratique des vertus et la réalisation de ce principe évangélique, la fraternité universelle.

J'avais l'intention, T.·. Ill.·. F.·., de vous adresser seulement des remerciements, mais le cœur ému d'un si bel avenir, a débordé ma pensée première. J'ose espérer, T.·. Ill.·. F.·., que vous voudrez me pardonner ma digression, et me permettre, à mon premier voyage, de vouloir bien vous présenter les sentiments de haute considération, de votre très-humble et très-dévoué, etc.·.,

J. CAPLIN, D. M. 18ᵉ.

N° 8.

Planche de la Grande-Loge de Hambourg,

AU GRAND-ORIENT DE FRANCE.

Dem Ehrwürdigsten Bruder HEULLANT. Grand-Maître adjoint des Grossorients von Frankreich, Paris.

Mit aufrichtigem Danke, Ehrwürdigster geliebter Bruder, bekenne ich mich zum Empfange Ihres brüderlichen Schreibens vom Mærz d. J. so wie der an unsere Grosse Loge gerichteten freundlichen Einladung, sich bei einem maurerischen Congresse, den Ihr Ehrwürdigster Grossmeister, Br.·. Prinz Murat, am 1sten July ins Leben rufen will, durch eine Deputation zu betheiligen. Ich habe diese Einladung unserer Gross Loge in ihrer Versammlung, am 3ten Mai vorgelegt, und bin, wes mir sehr leid thut, beauftragt, Ihnen mit dem brüderlichsten Danke die Anzeige zu machen, dass die Gross ⸫ sich genœthigt sehe, auf die Ehre, an jener in Aussichtshehenden Versammlung Theil zu nehmen, für diesmal zu verzichten. Von denjenigen Grossbeamten, welche sich durch ihre Stellung in der Grossen Loge dazu qualificiren, die Gross ⸫ in einer solchen Versammlung zu vertreten, mœchte es wohl heiner mœglich machen kœnnen, im nachsten Monat eine so weite, kostspielige Reise zu unternehmen, und des Vortheils, mit Ihrem Ehrwürdigsten Grossorient durch einen Repræsentanten in Verbindung zu stehen, welchen unsere Gross ⸫ zu dieser Versammlung deputiren konnte, hat dieselbe ja bereits seit mehreren Jahren entbehren müssen. Wir werden uns daher darauf beschrænkt sehen, diesem maurerischen Congresse aus der Ferne zuzusehen und ihm des beste Gedeihen zu wünschen.

Ihr treuergebener Bruder.

Dr BUEK, sen.,

Grossmeister d. Gr. ⸫ zu Hamburg.

Hamburg, d.·. 19. May 1855.

N° 9.

TRADUCTION.

—

Au Très-Vénérable Frère HEULLANT, Grand-Maître adjoint du Grand-Orient de France, à Paris.

C'est avec des remerciements sincères, Très-Vénérable et très-aimé Frère, que je vous accuse réception de votre fraternelle lettre de mars de cette année, ainsi que de l'invitation amicale adressée à notre Grande-Loge, de prendre part à un Congrès Maçonnique que votre Très-Vénérable Grand-Maître, le Fr∴ prince Murat, désire convoquer pour le 1ᵉʳ juin, en y envoyant une députation. J'ai soumis cette invitation à notre Grande-Loge, à son assemblée du 3 mai, et, ce qui me cause un grand regret, je suis chargé de vous informer, en vous remerciant fraternellement, que la Grande-Loge se voit obligée de renoncer pour cette fois à l'honneur de prendre part au Congrès projeté. Parmi les grands dignitaires qui par leur position dans la Grande-Loge, auraient été appelés à représenter la Grande-Loge à un tel Congrès, il aurait été impossible à aucun d'eux, d'entreprendre le mois prochain un voyage si long et si dispendieux; et il y a déjà plusieurs années que notre Grande ⊡ a dû se passer de l'avantage de rester en relations avec votre Très-Vénérable Grand-Orient, par un représentant qu'elle aurait pu députer à ce Congrès. Par suite, nous sommes forcés de nous borner à assister de loin à ce Congrès Maçonnique, et à lui souhaiter la meilleure réussite.

Votre Frère tout dévoué,

Signé : Dʳ BUEK, sén.,
Grand-Maître de la G∴ ⊡, à Hambourg.

Hambourg, le 19 mai 1855.

N° 10.

Planche de la Grande-Loge de la Louisiane (Etats-Unis),

AU GRAND-ORIENT DE FRANCE.

Grand-Master's Office.
Grand Lodge of the state of Louisiane
New-Orléans, 5th June 1555

Th∴ Ill∴ Grand Master,

I have much pleasue in acknowledging in the part of this Grand Lodge the invitation of the Grand Orient of France to participate in the proceedings of the Masonic Congress to be opened in Paris about this time.

This kind invitation would have been more prumptly responded to, but for the hope of inducing some brother of suitable attainments and proper grade to attend as our representative,

We have not yet abandoned this hope, but should we fail to be represented in person, we ask that this communication shall be reeived as an assurance that the fraternal feeling which has prumpted on the part of your Royal highness, the suggestion of such an assemblage, is duly appreciated and reciprocated by us.

The utility and endeed the necessity of some general convocation of the universal brotherhood must be manifest to all who lake an interest in our order and we trust that the Congress of Paris will provide for future conferences of similar character and that through them the institution of Masonry may he strengthned, its distinguishing fea tmes preserwed, its harmony secured and its usefulness protected.

The Grand Orient having been regularly furnished whith the procedings of this Grand Lodge (including these of the grand communication of the present year) is in full pessession of all facts relating to the condition of masonry in this state proper to be communicated in writing. — We rejoice in the fact that *Now* all Lodges of the symbolic degrees in this state are united under the juridiction of this Grand Lodge and that no discord exists whitin our Brothers.

We shall look foreward with much anxiety to learn the result of the deliberations of this Congress and beg that the proper officer be requested to dispatch to us the proceedings as fast as published.

Permit me, thrice illustrious Grand Master, for my self and on behalf of the Grand Lodge of the state of Louisiana to assure you of our fraternal regard and our fervent desires that health, happiness and, prosperity may be long enjoyed by you.

W. M. PERKINS,
Grand Master.

To

His Royal highness prince Lucien Murat,
Grand-Master of Masonry in France.

N° 11.

TRADUCTION.

—

Cabinet du Grand-Maître. — Grande-Loge de l'état de la Louisiane.
Nouvelle-Orléans, le 5 juin 1855.

Très-Illustre Grand-Maître,

J'éprouve un grand plaisir à accuser réception de la part de cette Grande-Loge, de l'invitation du Grand-Orient de France, à prendre part aux opérations du Congrès Maçonnique qui doit s'ouvrir à Paris vers cette époque-ci.

Il aurait été répondu plus tôt à cette aimable invitation, si nous n'avions pas eu l'espoir d'engager quelque Frère ayant les connaissances voulues et un grade convenable, pour y assister comme notre représentant.

Nous n'avons.pas encore renoncé à cet.espoir ; mais si nous ne pouvions pas être représentés en personne, nous vous prions de recevoir cette communication comme une assurance que le sentiment fraternel qui a inspiré à Votre Altesse Royale l'idée d'une telle réunion, est dignement apprécié et accueilli par nous.

L'utilité et même la nécessité de quelque convocation générale de la fraternité universelle, doit être manifeste à tous ceux qui portent intérêt à notre Ordre, et nous espérons que le Congrès à Paris fera des dispositions pour des conférences futures d'un caractère.semblable, et par là l'institution de la Maçonnerie sera affermie, ses caractères distinctifs maintenus, son harmonie assurée et son utilité développée.

Le Grand-Orient ayant reçu régulièrement les procès-verbaux de cette Grande-Loge, (y compris ceux de la grande communication de la présente année) se trouve en pleine possession de tous les faits relatifs à l'état de l'Ordre Maçonnique en ce pays-ci, qui sont de nature à pouvoir être communiqués par écrit. Nous nous réjouissons de ce fait que maintenant toutes les Loges des degrés symboliques en cet Etat, sont réunies sous la juridiction de cette Grande-Loge, et qu'il n'existe aucune discorde dans nos régions.

Nous attendons avec beaucoup d'impatience le résultat des délibérations de ce Congrès, et nous vous prions de nous envoyer par l'officier que ce concerne, les procès-verbaux aussitôt qu'ils seront publiés.

Permettez, Très-Illustre Grand-Maître, que pour moi-même et au nom de la Grande-Loge de l'état de la Louisiane, je vous assure de notre considération fraternelle, et de nos fervents désirs que vous jouissiez longtemps de santé, de bonheur et de prospérité.

(L. S.) signé : W. M. PERKINS,
Grand-Maître.

A Son Altesse Royale le prince Lucien Murat, Grand-Maître de l'Ordre Maçonnique en France.

N° 12.

Planche de la Grande-Loge Archimède, Orient de Géra, principauté de Reuss,

AU GRAND-ORIENT DE FRANCE.

Au T∴ Ill∴ F∴ HEULLANT, G∴ M∴ adj∴ du G∴ O∴
de France.

Très-Ill∴ Frère,

Bien convaincus de l'importance d'un Congrès général Maçonnique, tel que vous avez proposé de le convoquer, nous vous remercions beaucoup d'avoir bien voulu nous envoyer une lettre d'invitation, sûrement le résultat en sera grand et contribuera en même temps infiniment à réveiller et cimenter l'esprit de fraternité qui doit pénétrer tous les membres de l'Ordre.

Nous souhaitons de tout notre cœur que toutes les circonstances extérieures, causées par la grande idée des expositions universelles, qui doit son existence à notre siècle illuminé, contribuent à augmenter la solennité et le résultat de cette fête Maçonnique, et en fassent retentir un écho qui puisse réduire au silence les bruits du monde profane, qui toujours de nouveau viennent assaillir les portes de nos Temples.

Mais nous regrettons infiniment que les circonstances actuelles de notre Loge ne nous permettent pas de nous rendre à votre invitation fraternelle; vraisemblablement aucun des membres de l'*Archimède* ne pourra aller à Paris, et s'il y en avait un à qui il convînt, faute de posséder la langue française, il lui serait impossible d'en profiter assez pour lui même et pour nous, — hélas! nous avions bien pensé à notre très-cher F∴ Michel, et allions lui écrire et lui donner des commissions de notre part, lorsqu'une lettre de sa fille nous annonça son décès! Il aurait été celui de notre Orient qui aurait pu le représenter dignement, mais nous voilà inconsolables de l'avoir perdu, et vous partagerez notre douleur profonde. Nous espérons que ce décès si imprévu et subit ne pourra troubler les relations intimes et fraternelles que nous étions si heureux de voir entamées par lui entre les deux Loges. Que le Grand Architecte de l'Univers, devant le trône duquel il s'est présenté maintenant, reconnaisse en lui le vrai Maçon, et le fasse entrer dans son Temple céleste et éternel.

Bien que nous ne puissions pas avoir l'honneur de vous envoyer un de nos membres en représentant, nous osons pourtant vous prier de nous remettre en son temps, quelques notices sur le susdit Congrès, afin que nous puissions profiter du résultat autant qu'il soit possible, puisque nous sommes privés du bonheur d'en prendre part personnellement.

Agréez, Très-Cher et Très-Ill.·. Frère, les assurances de notre amour le plus fraternel.

La Loge Archimède à l'Union éternelle.

Orient de Géra, le 3 mai 1855.

Karl Adolf BÉATUS,
V.·. Z.·. I Aufs.·..

Louis GRIESHAMMEZ,
V.·. Z.·. Vicar. II Aufs.·..

Robert KRISSNER,
O. It. Secrétair.·..

N° 13.

Planche du Grand-Orient d'Haïti

AU GRAND-ORIENT DE FRANCE.

G.·. O.·. D'HAÏTI.

A.·. L.·. G.·. D.·. G.·. A.·. D.·. L'U.·.,

Au nom et sous les auspices du T.·. Ill.·. et Puiss.·. F.·. FAUSTIN Ier, Empereur d'Haïti, Grand Protecteur de l'Ordre.

Orient de Port-au-Prince, le 27 mai 1855, ère vulg.·.

T.·. Ill.·. F.·.,

S. G. Mgr. le lieutenant-général, duc de Morin, Grand-Maître de l'ordre Maçonnique en Haïti, a eu l'honneur de recevoir votre dépêche du 20 mars expiré, n° 75, lui communiquant l'heureuse pensée de S. A. R. le prince Lucien Murat, Grand-Maître de l'ordre Maçon.·. en France, de profiter de l'Exposition universelle de l'industrie, à Paris, pour convoquer un Congrès, auquel seraient conviées les puissances Maçonniques étrangères.

Je viens de recevoir l'ordre de vous remettre sous le pli de la présente, le décret du Chef suprême de notre Ordre, qui désigne trois Illustres Frères, membres de notre Sénat Maçonnique, munis de provisions pour représenter la puissance Maçonnique d'Haïti. Le lieutenant-général G.·. M.·. fait des vœux pour que l'œuvre sainte et humanitaire qui doit occuper cette grande réunion de toutes les puissances Maç.·., obtienne tout le succès et les grands résultats que la fraternité entière a lieu d'en espérer.

Daignez, T.·. Ill.·. F.·., vouloir bien agréer la parfaite assurance de mes sentiments les plus fraternels et les plus distingués.

Le chef du secrétariat général du G.·. O.·. d'Haïti,

M. PER.

N° 14.

DÉCRET.

Nous, lieutenant-général *J. de Paul,* duc de Morin, grand chambellan de S. **M.** l'Empereur, son aide-de-camp d'honneur et Grand-Maître de l'Ordre maçonnique pour Haïti ;

Vu le Décret de S. A. R. le prince *Lucien Murat,* Grand-Maître de l'Ordre maçonnique en France, qui convie toutes les puissances maçonniques étrangères en relation avec ce grand corps, à se faire représenter dans le Congrès universel qui doit se réunir à Paris dans le local de ses délibérations ;

Notre conseil consulté ;

Avons décrété et décrétons :

• Art. 1er.

La commission composée du T∴ Ill∴ et P∴ F∴ *B. Ardouin,* sénateur de l'Empire, Président de la délégation, R∴ A∴, Ch∴ T∴ K∴, 33e, ex-Grand-Maître du G∴ O∴ d'Haïti ; du T∴ Ill∴ et P∴ F∴ baron *J. M. de Duval,* sénateur, R∴ A∴, Ch∴ T∴ K∴, 33e, ex-Grand-Maître du G∴ O∴, et du T∴ Ill∴ et P∴ F∴ général *de Delva,* comte de Dame-Marie, grand chancelier de l'Empire, R∴ A∴, Ch∴ T∴ K∴, 33e, ancien G∴ Off∴ du G∴ O∴, est chargé de représenter la puissance maçonnique d'Haïti dans le Congrès maçonnique proposé par S. A. R. le prince *Lucien Murat,* G∴ M∴ du G∴ O∴ de France.

Art. 2.

Leur mission terminée, nos délégués auront à nous transmettre un rapport circonstancié des délibérations de cette grande assemblée maçonnique.

Donné à l'Or∴ du Port-au-Prince, le 27 mai 1855.

Le G∴ M∴,
J. PAUL.

Scellé et enregistré :

Le Chef du Secrétariat-général du G∴ O∴,
M. Per.

Nº 15.

Discours de l'Illustre Frère Mac-Cowan,

DÉLÉGUÉ DE LA LOGE MARY'S-CHAPEL, ORIENT D'ÉDIMBOURG (ECOSSE.)

My Breteren in Scotland have requested me to convey to you thier lively appreciation of the noble motives wich have induced you to collect al this meeting, the Breteren from all parts of the world, ant to accept with cordiality empressement the hand of botherly love and friendship you have so kindly stretched out to them. They reciprocate in the most cordial and extended, manner the feelings you have so ably expressed.

They trust that this congress may be productive of the most beneficial results for the cause of masonry and the Brotherhood in General; and that the bonds of fraternity which have for so many centuries existed between Scotland and France may be still more closely and firmly *cemented*.

It is a source of great regret to me, that in consequence of the postponement of the opening of the congress, neither i nor the Bretheren who have united themselves to me from Naples London. can take that active part in your proceedings wich we intended; but i beg you to believe that our best wishes are with you and I shall carry with me to Edinburg a lively and grateful *sense* of the kind reception you have given to my companions and my self.

I pray you to recieve T.·. Ill.·. G.·. M.·. the assurances of our fraternal regard and profound esteem, ternal and to believe me your devoted Brother.

F. D. Mac Cowan F.·. of the ancient Lodge of Edinburg.
     (Mary's Chapel), nº 1,
  of the G.·. L.·. of Scotland.
  To the Prince Murat,
Très Ill.·. G.·. M.·. du G.·. O.·. de France.

N⁰ 16.

Discours de l'Illustre Frère Parker-Cummings,

DÉLÉGUÉ DE LA GRANDE-LOGE DU DISTRICT DE COLOMBIE,
ORIENT DE WASHINGTON (ÉTATS-UNIS.)

Très-Illustre G∴ M∴..

A subject so important as the one in question yesterday, would seem to demand from my self, and Colleague, a more forceable expression of our views, and from this congress such attention to the matter in point as will be likely to remedy an evil that has long been a source of complaint to the transatlantic Bretheren of whom we are the representatives.

In that peacefull asylum, our lodge, which every Brother feels is the mental garden for the culture of those kindly feelings *that best adorn* our commun nature, where we are shut out from the rest of the world with its stilfes and contentions, we the *american fraterny*, do not wish to be thought capable of entertaining feelings or asking for the observance of rules, that may seem in any degree as prejudicial to the interest and hoppenees of one of the humantare. *Thrice Illustrious Sir*, we call your own and this honourable convention's attention to the governing *charesteric* of our institution, charity, not only with our means, for the relief of distressed Breteren, our sympathies and consolations for their sorrows, but a higher and more distinct charity for their errors, more particularly those that are the effect of circumstances and seem at least to us indigenous to our soil.

Along with the blessing of civilization, of laws arts. Religion and letters, that we have inherited from our parents, France and England came also the institution of slavery it is now *grown* and rooted to our soil, and in a large portion of our country is as much a matter of necessity to both races, as any institution that exists in

this, and however the philantrophist may think it remains at least to
the pratical mind a matter of doubt wether its abrogation would be-
nefit the blacks themselves.

Such being the facts and necessities of our case, we ask of the
Breteren of this hemisphere but the observances that we practice
among ourselves in the geographical distinction that exists between
the north and the south, an observance of this masonic law of non
interferende in a matter that would *surely* interrupt the social and
civil position of the slave holding mason and which has unhappily
already produced serious complaints and threated aswide a gulph
between the fraternity as the sea that seperates them, should the
European Lodges continu to give charters and confer the degrees,
upon men at least disqualified by beinz citizens of ap ostres country.

When we remember, Thrice Illustrious Sir, that our time
honoured institution has owed its existance and usefullness, to its
happy adaptation to the laws and usages of evry country in which it
has flourished, when we are concious of the small amount of good
that can arise to the recipiants themselves from the continuence of
this custom and the large amount of evil to the institution at large
we feel this congress will give the matter its important considera-
tion, and will in its wisdom accomplish one important object by
instituting a remedy for this evil.

Paris, typ. . . . . de France, rue des Noyers, 8.